LASTING VALUE

LESSONS FROM A CENTURY OF
AGILITY AT
LINCOLN ELECTRIC

价值永恒

林肯电气跨越百年的敏捷管理实践

[美] 约瑟夫·A.马洽列洛 著
（Joseph A. Maciariello）

慈玉鹏 译

机械工业出版社
CHINA MACHINE PRESS

100 多年以来，林肯电气公司在激烈的国内外市场竞争中，始终保持着在焊接技术领域全球领导者的市场地位。公司的成功归因于其创始人詹姆斯·林肯，他所采用的管理原则能够为员工赋能，进而使公司能够快速应变以利用新的市场机会。这本书将向你介绍如何复制这些领先的管理理念和林肯管理系统的成功，其成功包括：更快乐的顾客、更有活力的员工以及丰厚的股东回报。

本书介绍了林肯电气的系统化管理方式，揭示了这家公司 100 多年来持续保持高效的秘诀。在书中你会看到：林肯如何运用相互促进的管理系统促成整体绩效的提升，当你对这些系统有了完整的了解和认知，你就会明白，公司的持续成功正是归功于其灵活的自生长。这种灵活性与其领导力、管理体系和文化环境息息相关。你也会学到如何将这些原则和技术运用到自己的公司，并取得类似的效果。

Copyright© 2000 by Joseph A. Maciariello. All Rights Reserved. This translation published under license. Authorized translation from the English language edition, entitled *Lasting Value*: *Lessons from a Century of Agility at Lincoln Electric*. ISBN 0-471-33025-6, by Joseph A. Maciariello, Published by John Wiley & Sons. No part of this book may be reproduced in any form without the written permission of the original copyrights holder. Copies of this book sold without a Wiley sticker on the cover are unauthorized and illegal.

本书中文简体字版由 Wiley 授权机械工业出版社出版，未经出版者书面允许，本书的任何部分不得以任何方式复制或抄袭。版权所有，翻印必究。

北京市版权局著作权合同登记 图字：01-2019-0399 号。

图书在版编目（CIP）数据

价值永恒：林肯电气跨越百年的敏捷管理实践／（美）约瑟夫·A. 马洽列洛著；慈玉鹏译. —北京：机械工业出版社，2020.3
书名原文：Lasting Value：Lessons from a Century of Agility at Lincoln Electric 1st Edition
ISBN 978-7-111-64776-8

Ⅰ. ①价… Ⅱ. ①约… ②慈… Ⅲ. ①电气工业-工业企业管理-经验-美国 Ⅳ. ①F471.266

中国版本图书馆 CIP 数据核字（2020）第 027984 号

机械工业出版社（北京市百万庄大街 22 号　邮政编码 100037）
策划编辑：李新妞　　　　　责任编辑：李新妞　李佳贝
责任印制：张　博　　　　　责任校对：郭明磊
三河市宏达印刷有限公司印刷
2020 年 4 月第 1 版·第 1 次印刷
145mm×210mm·9 印张·1 插页·192 千字
标准书号：ISBN 978-7-111-64776-8
定价：69.00 元

电话服务　　　　　　　　　网络服务
客服电话：010-88361066　　机　工　官　网：www.cmpbook.com
　　　　　010-88379833　　机　工　官　博：weibo.com/cmp1952
　　　　　010-68326294　　金　书　网：www.golden-book.com
封底无防伪标均为盗版　　机工教育服务网：www.cmpedu.com

纪念詹姆斯·林肯

前 言 perface

尽管面临国内外强大对手的激烈竞争,林肯电气公司依然成功维持了在焊接行业的领先地位。1992年退休的林肯电气公司董事长兼CEO乔治·威利斯㊀说:"我们不是营销型企业,也不是研发型企业,更不是服务型企业,而是一家制造型企业。"[1]

在长达104年㊁的历史中,林肯电气公司依靠哪些因素缔造并维持竞争优势呢?众多其他企业未能成功学习其经验的原因是什么?最近米格罗姆和罗伯茨在一篇论文中指出,其他企业未能参透林肯电气公司各部分相辅相成的管理系统。[2] **该系统的各部分之间相互加强,发挥协同作用,提高了整体绩效。**

米格罗姆和罗伯茨通过运用先进的"超模博弈㊂最优化"

㊀ 乔治·威利斯(George Willis),1986—1992年任林肯电气公司董事长,任职期间大力进行海外扩张。——译者注

㊁ 林肯电气公司成立于1895年,因此,截至2020年,林肯电气公司的历史为125年,此处沿用了英文版原书出版时的数据。——编者注

㊂ 超模博弈(supermodular game),博弈论中的重要概念,每个参与者增加其策略所引起的边际效用随着对手策略的递增而增加。——译者注

（supermodular optimization）数学模型，论证了林肯电气公司奖励与赞誉系统的各部分之间存在协同关系，使得其他企业难以模仿。

本书赞同米格罗姆和罗伯茨的观点，如果其他企业局限于模仿林肯电气公司管理系统的某个方面，而忽视与之相辅相成的其他方面，那么注定会以失败收场。米格罗姆和罗伯茨的关注点聚焦于奖励与赞誉系统各部分之间的互补性：

> 多数解释几乎完全聚焦于计件工资制，但互补视角给出了一个截然不同的答案。我们认为，林肯电气公司的计件工资制是一个相辅相成系统的一部分，单独挑出某个因素并移植到无法互补的系统中，不可能取得积极成果。分析林肯电气公司的计件工资制，而无视其发挥作用所依赖的奖金计划、所有权结构、库存政策等，注定不能解释其他企业在模仿过程中遭遇的失败。[3]（p. 204）

当林肯电气公司相辅相成的管理系统被完整地揭示和描述时，我们显然可以发现，该公司的长期成功有赖于管理系统自发孕育出的敏捷。

我所说的"敏捷"，是指林肯电气公司设计和开发的管理系统能够帮助该公司在多数情况下迅速变革，并以不同于以往的方式开展业务。巴拉蜜把"敏捷"正式定义为迅速行动、"改变方向、利用机会或避开威胁"的能力（p. 35）。[4] 换言之，敏捷管理系统能够迅速进行调整以抓住机会躲避威胁。

反过来，林肯电气公司的敏捷有赖于高管的卓越领导力和管理系统。该管理系统包括广为人知的激励机制，以及拥有强烈道德基础的企业文化。

鉴于林肯电气公司管理系统在长达一个世纪的时期内成就卓著，本书旨在详述该系统。我坚信如果该系统被人们恰当地理解，那么就能够推广到众多其他企业中去。

我系统地描述了林肯电气公司的管理方法，并解释了在长达104年的时间里公司在经济和道德方面都卓有成效的原因。在阐述过程中，我指明了林肯电气公司管理系统的各个具体方面，论证了正是该管理系统帮助公司在竞争激烈的世界焊接市场上缔造并保持领先地位。

其他几家企业已经发展出类似的管理系统，我较详细地介绍了其中的两家企业。若其他成功的企业也能运用类似的系统，那么就说明林肯电气公司的经验并非不可模仿，也不是一种"历史的偶然"，而是可以被众多其他企业借鉴。总之，林肯电气公司的百年经验应该受到美国管理界的认真审视。

本书的主要目的是系统地分析林肯电气公司的管理系统，阐明其高超的设计，进而帮助其他企业在运营过程中运用该管理系统的相关方面。

在描述林肯电气公司的管理系统时，我采用了设计适应性管理系统的通用方法，该方法由马洽列洛和柯比在《管理控制系统：运用适应性系统实现控制》中提出。[5] 通过这种方法我确定了林肯电气公司管理系统的特质，并指出这些特质与旨在创建和维持有竞争力的敏捷组织的必要管理实践相互兼容。[6]

约瑟夫·A. 马洽列洛

注 释

1. Christopher A. Bartlett and Jamie O'Connell, *Lincoln Electric: Venturing Abroad* (Boston: Harvard Business School, Case 9 - 398 - 095) (April 22, 1998): 4。

2. Paul Milgrom and John Roberts, "Complementarities and Fit: Strategy, Structure and Organizational Change in Manufacturing," *Journal of Accounting and Economics* (March-May 1995): 179 - 208。

3. 摘自 Paul Milgrom and John Roberts, "Complementarities and Fit: Strategy, Structure and Organizational Change in Manufacturing," *Journal of Accounting and Economics*, 1995: 179 - 208. 经 Elsevier Science 授权。

4. Homa Bahrami, "The Emerging Flexible Organization: Prospectives from Silicon Valley," *California Management Review* (summer 1992): 33 - 52。

5. Joseph Maciariello and Calvin Kirby, *Management Control Systems: Using Adaptive Systems to Attain Control* (Englewood Cliffs, NJ: Prentice Hall, 1994)。

6. See Steven Goldman, Roger Nagel, and Kenneth Preiss, *Agile Competitors and Virtual Organizations* (New York: Van Nostrand-Reinhold, 1995). 在该书的附录 A 中转载了敏捷论坛发布的 CEO 简报，作者们介绍了关于敏捷特质的其他例子。

致 谢 | acknowledgments

首先我要感谢曾经长期担任林肯电气公司 CEO 助理的理查德·萨博（Richard Sabo），他在该公司的职业生涯长达 40 余年，先后在多个岗位任职，1999 年 5 月 7 日退休。萨博向我介绍了林肯电气公司的运作及管理系统，花费时间阅读并修改了本书的初稿，还说服管理层大力支持我完成本书。对于采用类似管理系统的其他企业，萨博提供了宝贵建议。我敬重他的智慧，钦佩他的管理经验，受益于他提供的林肯电气公司信息，并珍视彼此之间的友谊。如果没有萨博的帮助，本书将不可能完成，我再次对他表示感激。

林肯电气公司企业关系总监罗伊·莫罗（Roy Morrow）阅读了本书的初稿并提出了宝贵的修改意见，消除了其中若干项错误。非常感谢莫罗先生的付出与善意。

1996 年，我在圣母大学（University of Notre Dame）7 年一次的秋季学期休假期间开始撰写本书并参访林肯电气公司，感谢奥利弗·威廉姆斯（Oliver Williams）牧师以及商业道德与宗教价值观研究所（Institute for Ethics and Religious Values in Business）的约翰·霍克（John Houck，已故），在我休假和为本书收集数据的大部分时期，他们提供了宝贵的建议和帮助。我还要感谢圣母大学企业责任协会（the Society for Responsible Business）的学生们，在他们的支持下，1998年秋季学期我做了一场关于林肯电气公司管理系统的讲座，准备讲座的相关资料奠定了本书的基础。

约翰·威立国际出版公司（John Wiley）的编辑珍妮·格莱瑟（Jeanne Glasser）在我准备本书期间提供了宝贵的帮助和鼓励，感谢她始终不渝的信任，此外需要感谢约翰·威立国际出版公司的黛布拉·阿尔彭（Debra Alpern）提供的宝贵帮助。我还要感谢出版发展公司（Publications Development Company）的南希·兰德（Nancy Land）及其同事们，本书的出版受益于她们的大力支持。

林肯电气公司前任总裁、首席运营官、董事会成员弗雷德里克·麦肯拜克（Frederick Mackenbach）帮助我深入了解了林肯电气公司的海外运营状况，并且非常慷慨地答应1999年6月15日在加州帕萨迪纳市（Pasadena）与我会面。感谢麦肯拜克的帮助，同时感谢亨廷顿纪念研究所（Huntington Memorial Research Institute）的执行理事威廉·奥佩尔（William Opel）为此次会面提供了一个绝佳场所。

林肯电气公司名誉退休董事长唐纳德·哈斯廷斯（Donald F. Hastings）为我提供了宝贵意见，帮我了解到詹姆斯·林肯在任期间及卸任后其道德价值观对林肯电气公司产生的深远影响。哈斯廷斯先生在1992—1996年担任林肯电气公司CEO，1997年从董事会主席的职位上退休。我非常荣幸收到了哈斯廷斯先生的来信以及1997年的董事会会议记录，证实了詹姆斯·林肯的价值观和做法对该公司具有持久的影响力。

我感谢纽柯钢铁公司时任 CEO、总裁、副董事长约翰·科伦蒂（John Correnti），他为本书提供了大量宝贵资料。我还要感谢该公司董事长戴维·艾考克（David Aycock）和首席财务官塞缪尔·西格尔（Samuel Siegel），他们对纽柯钢铁公司的历史及运营状况持有真知灼见。非常感谢纽柯钢铁公司对我的礼遇，尤其要感谢可妮莉娅·威尔斯（Cornelia Wells）安排我在 1999 年 2 月 18 日参访公司总部。由于纽柯钢铁公司名誉退休董事长肯·艾弗森（Ken Iverson）身体有恙，因此未能当面请教，但研究他的管理创新和技术创新使我受益匪浅，并且我发现肯·艾弗森与詹姆斯·林肯有许多共同之处。

我在沃辛顿工业公司的工作离不开三个人的帮助。感谢沃辛顿工业公司主管人力资源的副总裁马克·H. 斯蒂尔（Mark H. Stier），他为我详细介绍了该公司的价值观和管理系统。还要感谢沃辛顿工业公司主管公共关系的副总裁凯茜·利特尔（Cathy Lyttle），她对本书第 11 章的内容提供了宝贵建议，并且修正了初稿中的若干错讹之处。最后要感谢沃辛顿工业公司社区关系协调员索尼娅·L. 劳米勒（Sonya L. Lowmiller），她协助安排我于 1999 年 5 月 16 日参访该公司。尽管我没有机会与沃辛顿工业公司创始人约翰·H. 麦康奈尔（John H. McConnell）见面，但通过研究获得的资料，我发现他奉行的价值观和管理实践与林肯电气公司的詹姆斯·林肯同样存在诸多相似之处。

克莱蒙特研究生大学德鲁克管理学院提供了必要的资金支持，帮助本项目得以启动并持续。非常感谢该学院对整个项目的资助，本书和相关论文都源自该项目。我多年的秘书伊丽莎白·

罗（Elizabeth Rowe）完成了一件又一件看似不可能的任务，为本书的及时出版奠定了基础。我非常幸运能得到她的帮助，在此表示真挚的谢意。感谢德鲁克学院的辛迪·陈（Cindy Chen），1998—1999学年她担任我的研究助理，协助收集了这三家企业的资料，并负责相关的资金核算工作，为本书的顺利出版提供了无私帮助。

妻子朱迪（Judy）永远是我坚定的支持者，她认真听取我的想法并提出相关建议，使得该项目变得更有意义，并且也理解其对我的意义。

最后，我愿把本书献给林肯电气公司价值观和管理系统的缔造者詹姆斯·林肯。他的一生、他从事的工作以及创立的公司激发了我的热情，使我坚持完成了本项目。衷心希望本书能鼓励企业高管和管理专业的学生"去做类似的事情"。

约瑟夫·A. 马洽列洛

目 录

前言
致谢

第 1 章 林肯电气：运营与价值观 / 001
创始人的价值观对管理系统的影响 / 003

第 2 章 管理系统：管理风格与哲学 / 026
正式组织、非正式组织与管理系统 / 026
设计管理系统的通用模型 / 028
管理系统：风格与哲学 / 032

第 3 章 管理系统：基本结构与协调整合 / 040
最高管理层的更迭 / 043
管理系统：协调整合 / 046
学到的经验教训 / 050

第 4 章 管理系统：奖励与赞誉 / 052
计件工资制 / 052
奖金制度 / 055
奖励与赞誉系统的其他方面 / 064
对奖励与赞誉系统的部分修正 / 064
实行绩效工资制度遭遇的困难 / 069

第 5 章 规划、资源分配与汇报 / 073

第 6 章 林肯电气：敏捷与适应 / 084
　　　　林肯电气公司的敏捷与适应 / 084
　　　　林肯电气公司所处的宏观环境 / 087
　　　　林肯电气公司面向客户的管理过程 / 094
　　　　林肯电气公司的营销战略 / 097
　　　　满足客户预期的关键成功变量 / 100

第 7 章 管理系统的动力机制与对利益相关方的管理 / 106
　　　　重要特质 / 107
　　　　利益相关方的诱因和贡献 / 118

第 8 章 海外移植企业文化和管理系统的成败 / 123
　　　　林肯电气公司的成功之处 / 123
　　　　林肯电气公司的失败之处 / 132
　　　　该公司具有历史意义的文化和管理系统在当前的经营中发挥了多大作用 / 137

第 9 章 其他企业能否借鉴林肯电气永恒价值观的经验教训 / 140
　　　　哈斯廷斯提出的问题 / 148

第 10 章 纽柯钢铁公司 / 152
　　　　管理系统的相似之处 / 153
　　　　纽柯的管理系统 / 156

孕育敏捷和适应性的重要特质 / 184

纽柯钢铁公司最近的发展 / 193

两家企业管理系统的对比 / 194

第 11 章　沃辛顿工业公司 / 203

沃辛顿工业公司的现状 / 203

钢铁加工业的宏观环境 / 209

沃辛顿工业公司的管理系统 / 212

综合控制论管理过程 / 227

孕育敏捷和适应性的重要特质 / 229

结论 / 232

第 12 章　林肯电气公司与纽柯钢铁公司的经验教训 / 234

纽柯钢铁公司的高绩效团队 / 234

林肯电气公司的高绩效团队 / 236

敏捷/学习型组织的构成：系统动力机制模型 / 238

结论 / 257

结语　林肯电气公司遵循黄金法则的激励管理 / 261

卓越的管理实践 / 264

结论 / 272

第 1 章　林肯电气：
运营与价值观

林肯电气由约翰·林肯始创于 1895 年，最初从事电动机制造与维修，1906 年在俄亥俄州克利夫兰正式注册为公司。约翰的弟弟詹姆斯·林肯加入公司后，作为一名发明家的约翰转而致力于焊机和焊接产品的开发利用。1911 年，作为副总裁的詹姆斯兼任公司总经理和运营负责人。第一次世界大战爆发的 1914 年，詹姆斯逐步证明在建筑业和制造业中，用电弧焊接两种金属要比铆接更有优势。

电弧焊接是一种把电缆连接到电动机上的技术：在电缆末端放置电焊条，通常是一根类似于把两种金属连接在一起的导线，电焊条置于合适的支架内，当电流通过电缆到达距离要连接的金属不到 1 英寸的地方时，电流就会跳过电焊条产生火花或"电弧"。在此过程中，电焊条熔化并流入连接金属的缝隙内。

从早期开始，林肯电气公司就已成为全球领先的焊接产品和设备制造商，并在各种利基市场上提供三分之一到 1250 马力不等的全系列电动机。林肯电气公司生产的焊接产品包括电弧焊机、机器人焊接系统、电焊条、焊接电源、焊丝和进丝系统、处理工业焊接烟雾的环境系统等，主要用途是切割、制造、修理金属产品。

1995年是林肯电气公司创立100周年，该年销售额首次突破10亿美元，净收入达6150万美元。1996年销售额为11亿美元，净收入增加到7430万美元，比1995年增长20.8%。1997年销售额为12亿美元，净收入为8540万美元，增长15%。截至1998年12月31日，该公司的销售额为12亿美元，增长2.4%，并且该年度的净收入达9370万美元，增长9.7%。

林肯电气公司在美国经营着三家制造工厂，分别位于俄亥俄州的克利夫兰（俄亥俄分公司）、乔治亚州的盖恩斯维尔（Gainesville）、加利福尼亚州的蒙特利公园（Monterey Park）。截至1998年12月31日，该公司在14个国家拥有17家制造工厂，分别位于澳大利亚的悉尼，加拿大的多伦多和密西沙加（Mississauga），英国的谢菲尔德（Sheffield），法国的大奎维利（Grand-Quevilly），爱尔兰的拉特纽（Rathnew），意大利的皮亚诺罗（Pianoro）、米兰、塞勒里古（Celle Ligure），德国的埃森（Essen），墨西哥的墨西哥城，荷兰的奈梅亨（Nijmegen），挪威的安德布（Andebu），中国的上海，土耳其的伊斯坦布尔，西班牙的巴塞罗那。最近，林肯电气公司增加了印度尼西亚芝卡朗（Cikarang）工厂的产能。截至1998年年底，林肯电气公司在世界各国的员工总数约6400人。

林肯电气公司的焊接产品和焊接耗材销往世界各国，共计在

160 个国家设有分销商和销售办事处。¹

在美国,林肯电气公司的产品由自己的销售团队和独立分销商销售。在国际市场上,产品主要由国外子公司销售。林肯电气公司还经营着一家国际出口销售机构,由各制造工厂的销售人员向大众零售商、代理商、分销商、经销商销售产品。

尽管林肯电气公司于 1995 年在纳斯达克上市,但超过 60% 的股份仍由林肯"家族"成员持有,包括创始人的后代、董事会成员、现在的员工、以前的员工。

创始人的价值观对管理系统的影响

林肯电气公司的价值观在詹姆斯·林肯撰写的三本书中得到了清晰阐述,对管理系统的设计产生了深远影响,并为公司的敏捷和长期成功做出了不可磨灭的贡献。例如,詹姆斯在《工业经济学的新途径》(*A New Approach to Industrial Economics*)一书中详细阐述了公司的价值观。²这些价值观对公司管理系统的设计产生了重大影响,并对其长期的敏捷、高超的竞争力和卓越的成功做出了突出贡献。

林肯电气公司价值观的核心是耶稣基督的"登山宝训"(Sermon on the Mount),尤其是其中的黄金法则(马太福音:7 章 12 节):"所以,无论何事,你们希望别人怎样待你们,你们也要怎样待人,因为这就是律法和先知的道理。"³詹姆斯·林肯试图用这套戒律指导公司业务的发展,他认为其他企业没有理由不遵循类似的规则,并相信**黄金法则之于人性,犹如重力之于物**

理性质一样自然而然。

詹姆斯首先尝试根据黄金法则对待公司的客户，其次是员工，最后是股东。他相信，如果遵循黄金法则对待客户和员工，那么股东的境况会好过公司主要为股东的利益服务，另外他还尝试通过持股计划让员工成为股东。

詹姆斯·林肯不认为三方之间存在任何根本利益冲突，而是设法确保其相互协调，**起码长时期内不冲突**。本书第5章回顾了股东的财务回报状况，表明林肯电气公司的股东确实获得了高于平均水平的回报。

詹姆斯终生都在研究"登山宝训"，相信人生由各种关系构成，最重要的关系是上帝与人之间的关系以及人与人之间的关系，换言之，人生不是一场"独角戏"，而应该与上帝、与他人建立**正确的关系**，这对人生幸福和事业成功至关重要。[4]

詹姆斯还相信，员工应该**享有尊严，获得尊重**，应该得到与产出价值相应的公平报酬。他认为这纯粹是一个社会正义问题，为此设计了一套**激励管理系统**，试图让员工在公司的产出和利润中获得相应的份额，并且该份额与每位员工的勤奋、独创性、生产率、合作情况成正比。

关于劳方和资方的恰当关系，詹姆斯·林肯把集体谈判及政府对它的支持视为合法"内战"。劳资双方存在共同的利益：**为客户服务**，并在此过程中以公平公正的方式获得收益。政府通过为劳资冲突制定规则，一定意义上是为劳资之间的"战争"立规矩。詹姆斯·林肯认为这与公司为客户服务的宗旨背道而驰。尽管他们在劳资谈判过程中没有客户代表，但客户同时为劳资双方付费。

詹姆斯·林肯认为,"登山宝训"在公司的劳资关系领域有六个具体应用:

1. 认识到员工最大的经济需求是收入保障。实际上,劳资双方在这方面存在共同利益,但只有不断满足客户的需求,员工才能获得收入保障。**因此,客户是关键的利益相关方,其需求必须得到满足,这应该通过在公司与客户的关系中贯彻黄金法则来实现。**詹姆斯·林肯认为这应该成为**整个工业的目标。**

关于企业的经济本质,美国经济学家弥尔顿·弗里德曼⊖的观点广为流传,并且与上述目标以及客户、劳方、资方之间深思熟虑的合作关系形成鲜明对比。弗里德曼主张:

> 在自由市场经济中,"企业有且只有一种社会责任:在遵守游戏规则的前提下,利用自身的资源从事旨在增加利润的活动,也就是不欺诈或弄虚作假,开展公开自由的竞争。"同样,工会领导者的"社会责任"是为工会成员的利益服务……企业领导者除了为股东们尽力谋利之外担负社会责任是一种趋势,而很少有趋势能够如此严重地破坏自由社会的基础。本质上,这是一种具有颠覆性的学说。[5]

⊖ 弥尔顿·弗里德曼(Milton Friedman,1912—2006),美国货币主义经济学的主要提倡者,1976年获诺贝尔经济学奖,代表作《资本主义与自由》(*Capitalism and Freedom*)。——译者注

2. 通过与客户保持联系，预测其需求，从而不断予以满足。管理层和员工只有持续提高**产品质量**、**客户服务水平**和**生产率**才能做到这一点，进而为客户提供质量更高、价格更低的改良产品。所以，林肯电气公司主张采用"基于成本"的定价方法。

这种基于成本的定价方法过去（现在依然）与持续提高产品质量同步进行。不同于许多其他美国企业，林肯电气公司始终致力于低成本生产高质量产品，所以不需要重新设计生产和质量控制流程或建立质量圈，就能够采用**全面质量管理**（TQM）。

詹姆斯·林肯的目标是：生产的产品越来越多，质量越来越高，价格越来越低，同时服务的客户也越来越多。在詹姆斯的带领下，林肯电气公司始终坚信这种满足客户需求的方法是正确的，也完全是一件自然而然的事情。

3. 为员工提供最先进的生产工具（包括原材料、方法、机器等），持续不断地进行培训与技能开发，鼓励他们参与解决各种与工作相关的难题。这不仅提高了员工的生产率和工作质量，还开发了他们的才能，维护了他们的尊严，激发了他们的创造力和自尊。

詹姆斯·林肯对人持有非常积极正面的看法，相信只要经过适当的管理与培训，配备相关工具，人的发展潜力几乎是无限的。他对员工具有"无限"潜力的观点与1908年建立首家大规模汽车生产企业的亨利·福特的观点截然不同。

4. 不断削减成本,并通过不断降价使客户获益。当不断提高的产品质量与开发改良的新产品相结合时,黄金法则就可以落实到客户身上了。

5. 采用不设员工收入上限的绩效系统,奖励员工不断提高生产率、产品质量,鼓励创新。反之,如果生产率下降、质量低劣、缺勤频繁、在实现公司目标过程中欠缺团队合作,那么员工就会受到惩罚。激励系统应该是基于对客户而言非常重要的要素,这给员工提供了强有力的正式激励,也提高了他们的经济和社会地位。在此过程中,员工能够转变为企业家。

若员工努力为进步做出贡献,管理层和员工之间保持合作与信任关系,那么林肯电气公司就能够满足客户需求,同时实现员工的持续就业。

6. 认识到股东应该得到公平的投资回报。詹姆斯·林肯把股东区分为两类:一类是帮助为新业务融资的股东;另一类是单纯通过股票交易获利的股东。詹姆斯相信,当企业已经正常运营且能够获利时,**后一类股东对企业的成功没有什么贡献,并且也没有对企业的客户和员工做出郑重承诺**。然而,为新业务融资的股东具有非常重要的价值,理应获得与风险相称的回报。

由于林肯电气公司的多数股票传统上由林肯家族及公司员工持有,所以基本上避免了与股东之间的冲突。尽管如今林肯电气已成为上市公司，但情况依然如此。另外，林肯电气公司的价值理念为股东带来了丰厚的财务回报，也有助于双方避免利益冲突。（本书第 5 章将详细讨论该公司股东的财务回报问题。）

总之，詹姆斯·林肯坚信"登山宝训"中的概念能够成功地用于企业实践，事实上，这些概念已经成功地应用于林肯电气公司。具体指导林肯电气公司经营实践的主要价值观可以概括为表 1-1：

表 1-1 指导林肯电气公司经营实践的主要价值观

对客户
- 注重客户服务和客户满意度
- 注重高质量的产品（包括 ISO9000 认证）
- 注重削减成本、降低价格——"确保削减成本计划"
- 注重持续改进与创新

对员工
- 高度重视员工
- 员工及工作的尊严
- 管理层与员工之间开诚布公相互信任。
- 员工与最高管理层、中层与最高管理层之间的"门户开放政策"㊀
- 美国国内的员工试用期满后持续就业
- 绩效评估注重优点与责任
- 薪资结构公平、收入平等
- 给高管适度发放津贴
- 高度重视挑战、培训、开发

㊀ 门户开放政策（Open Door policy），美国在 1899 年提出的一项原则声明，呼吁保护各国对华平等贸易权，支持中国领土和主权完整，此处用以描述高管办公室的大门向所有员工敞开。——译者注

（续）

对股东
- 多数股东是本公司管理者、董事会成员、林肯家族、员工，公平回报股东

难题
- 实施全球战略时，难以在被收购的外国企业中贯彻上述价值观
- 需要适度调整企业价值观以适应被收购的外国企业文化

在俄亥俄州克利夫兰林肯电气公司总部，正对大门的墙上刻着公司的信条："现实是有限的，可能性是无限的。"这句话浓缩了詹姆斯·林肯的全部管理哲学，体现了他对人性的看法。在分析了詹姆斯的著作（尤其是《工业经济学的新途径》）后，我发现他的人性观立足于四个假设：

1. 人具有无限的能力，只要我们认识到这一点并鼓励个人成长，就可以使经济不断发展壮大。

2. 因为人是造物主根据自己的形象创造的，所以个人的发展、相互之间的合作没有极限。

3. 相比于受过系统教育、自以为至少已经达成部分目标的人，某些人因没有受过系统教育而面临诸多障碍，但只要付出不懈努力，就能够获得更充分的发展。才能不仅是教育的结果。

4. 人的发展具有几乎无限的可能性。个人的发展可能会受到限制，但没人能真正发掘自己的全部潜力。

管理层对待员工的态度对于员工的发展和企业内部的持续改

进具有至关重要的影响。首先，管理层必须确保与员工密切合作。詹姆斯·林肯采取了大量方法来实现企业内部的和谐。

其次，必须制定对员工有意义的激励措施，包括根据员工的成就发放不设上限的经济报酬，让他们有晋升的机会。经济报酬应该体现分配正义㊀，员工获得的奖励应该与其体力、动力、才能、能力匹配。

詹姆斯·林肯认为，单靠经济报酬是不够的。在激励员工方面，成就感、自尊、地位、认可、知名度等非经济报酬也很重要，有时甚至比经济报酬更重要。在这方面，生产性员工和管理者没有区别，并且只有管理者明白下级员工与自己存在相似的动机时，彼此才能更有效地开展合作。

然而，正式和非正式奖励本身不一定能带来合作。管理层与员工之间的沟通必须公开、自由、坦诚。所有相关方都必须被视为拥有相似的利益。员工的利益包括持续的收入，管理层的利益包括持续的利润。只有双方精诚合作，切实满足客户的需求，各自的利益才能得到实现。为客户服务是企业的首要目标，卓有成效的服务取决于以更低的价格提供高质量的产品。为客户服务也包括了解并解决他们遇到的难题，有时这涉及与服务配套的客户培训等业务，属于广告和分销职能部门的责任。广告职能是告诉潜在客户本公司的产品可能有助于解决他们遇到的难题。

再次，为股东服务是詹姆斯·林肯最后强调的事项，因为股

㊀ 分配正义（distributive justice），关注社会公平地分配产品，强调的是结果，往往与程序正义（涉及法律的执行）对比。——译者注

东除了为创业或扩张某项业务提供风险资本，对于满足客户的需求甚少。仅仅为了获取股息和资本收益的股东对满足客户的需求贡献更少。詹姆斯·林肯认为，如果企业优先满足客户和员工的需求，股东也会因此受益。

持续就业是持续改进业务的第一步。如果员工因为提高效率的举措被解雇，那么他们就没有动力提高效率，并且由于生产性员工往往处于提出改进建议的最佳位置，所以如果要求他们持续改进业务，必须首先让其感到工作有保障。

持续改进业务还需要管理层添设新工具和新机械以提高员工的生产率。每项工程设计都能够得到改善，每种生产和分配方法都能得到改进，生产过程中使用的每种原材料都能够得到优化。经济衰退可以转变为合理化和改进业务的契机，在经济困难时期不应该轻易解雇员工。在这些不可避免的困难时期，员工与管理层的精力应该集中于改进业务和创造新市场。

新市场和海外市场可能存在新的生产和销售机会。詹姆斯担任CEO期间，林肯电气公司开始在加拿大、澳大利亚、法国生产和销售产品。

工作时间可以被缩减，以免有人无所事事白拿报酬，但困难时期应该用来改进业务和产品。繁荣时期往往会出现员工工作懈怠和效率低下，这些都应该在困难时期予以消除。因此，林肯电气公司认为经济困难时期是放弃任何效率低下或无利可图的产品与业务的时机。

管理层对员工承担下列重要责任：投资新工具和新技术；获取必需的订单和开拓新市场以维持充分就业；提高现有业务

的效率。管理层也有责任在员工之间创造友好竞争的氛围。詹姆斯·林肯曾经是俄亥俄州的足球明星，他把企业内部应该存在的友好竞争比作密切配合的足球队成员之间的合理竞赛，认为友好竞争旨在创造一个员工会感到紧张的环境，以"拓展"他们的才能。

对待客户时遵循的价值观

林肯电气公司遵循黄金法则对待客户的具体措施包括：提供高质量的产品、持续的产品创新、强化客户关系、持续削减成本进而降价等。在林肯电气公司 104 年历史的大部分时期内，尽管存在通货膨胀，但除了在美国通胀率非常高的时期，其产品的名义美元⊖价格始终非常稳定。要做到这一点，同时向生产性员工支付超过克利夫兰地区同类员工两倍的工资，就需要不断大幅提高生产率。林肯电气公司的历史不仅是一部持续提高生产率的历史，也是一部持续改进产品质量的历史。

为了进一步加强长期以来削减成本的举措，1986 年林肯电气公司制定了一项**"确保削减成本计划"**，该计划已成为公司的主要营销战略。

根据这项计划，林肯电气公司的销售工程师将接受严格培

⊖ 名义美元（nominal dollars），未根据通货膨胀调整的美元。例如，1989 年一栋房子的"名义美元"价格是 2.5 万美元，如果把通货膨胀因素考虑在内，那么该房子现在的"实际美元"价格可能是 7.5 万美元。作者指出林肯电气公司产品的名义美元价格稳定，意味着实际价格大幅下降了。——译者注

训，学会理解客户遇到的难题并提出解决方案，如果该公司给出的建议得到贯彻落实，那么就能确保帮助客户削减成本。如果在采取规定的程序之后没有达到削减成本的目标，那么林肯电气公司会向客户支付承诺与现实之间的差额。这种使客户受益的举措是林肯电气公司赢得客户和分销商高度忠诚的原因。

对待员工时遵循的价值观

黄金法则对公司对待员工的方式有直接影响，这清晰地反映在林肯电气公司的经营价值观中，其中维护员工的尊严是关键。林肯电气公司最高管理层非常清楚，工作对于维护生产性员工的尊严和自尊发挥着重要作用。

林肯电气公司招聘新员工时非常挑剔，"平均每 75 名应聘者中只有 1 名被录用，且一半新入职者会在 90 天内离职。"[6]然而，直到最近，公司只要认为某人具有从事某项工作的动力和能力，就有资格应聘相关工作岗位，绝不会因受教育水平低下而丧失资格。现如今该公司规定从事国内业务的应聘者具备高中以上学历即可。

为进一步维护员工的尊严、改进公司的业务，林肯电气公司**鼓励管理层和生产性员工坦诚对话，彼此信任**。最高管理层构建了多种正式和非正式机制以促进双方之间的坦诚对话，其中最突出的是员工选举产生的咨询委员会，该委员会每两周与最高管理层开会讨论有关工作场所的问题并提出解决方案。咨询委员会成立于1914年，是詹姆斯·林肯担任总经理后最早采取的行动之一，他说："如果我能让员工像我一样殷切希望公司取得成功，

那么就没有不能共同克服的困难。"（詹姆斯·林肯，1961年，p. 8）

坦诚对话有助于最高管理层与员工之间建立高度信任的关系。林肯电气公司积极采纳生产性员工的建议，鼓励他们开发自己的**理性能力、管理能力和创造能力**，进而大大提高了公司的**敏捷、竞争力和成就**。"鉴于一线主管的人数很少，所以员工常常要自己做决策。"[7]

遵循黄金法则对待员工也体现在管理层承担开发下级人员的责任。林肯电气公司力求开发员工的天赋能力，使其承担一定程度的管理责任并接受问责，这会反过来强化了侧重于**生产率、合作、工作质量、创新**等方面的重大激励举措。

黄金法则引导林肯电气公司构建了一套公平的薪资制度和薪资结构，人人与企业共享繁荣、共渡难关。例如，1995年，林肯电气公司董事长和总裁的薪资与工厂员工的平均总收入之比为15:1。董事长的年收入约90万美元，工厂员工的平均总收入约6万美元。1992年日本企业相应的比值为20:1，美国企业的总体比值为100:1。[8]1965年，美国公司CEO的薪资与工厂员工的平均总收入之比为44:1。1997年，美国公司CEO与工厂员工的平均总收入之比升至326:1。[9]其收入差距正日益攀升至令人忧虑的水平。

鉴于薪资制度和薪资结构的普遍不平等状况，林肯电气公司相对平等的薪资结构无疑提高了其秉持的价值观的可信度，有助于在管理层和生产性员工之间培养相互信任，表明了最高管理层公平公正地经营与员工之间的关系。

工作保障是公司对待员工时遵循的另一项主要价值观，同样始于詹姆斯·林肯（詹姆斯·林肯，1961 年，p. 38）。林肯电气公司正式承诺，拥有 3 年以上工作经验的国内员工每周工作时间不少于 30 小时。作为回报，员工必须愿意根据需要加班，如果由于任务减少员工被调整到薪资较低的岗位上，该员工必须接受相应的薪资调整。企业对员工做出并履行承诺，员工同样应该对企业做出并履行承诺。

林肯电气公司遵循黄金法则对待员工的具体举措包括：维护员工的尊严和自尊；最高管理层向员工开放门户；运用薪资、奖金、持股计划与员工分享工作成果；提供工作保障等。林肯电气公司遵照上述价值观卓有成效地培养员工，已经发展出一支技术娴熟、知识渊博的员工队伍，帮助该公司建立起竞争优势。很大程度上林肯电气公司的成功是员工发展的结果，而不是基于公司在工厂、技术、原材料方面的投资。

此外，在长达一个世纪的时间里，管理层对员工的坚定承诺产生了丰厚回报，具体体现在公司员工长期以来的美德上，详见表 1-2。[10] 林肯电气公司员工的引人瞩目之处在于：对工艺的高度自豪感和对公司的高度认同感。尽管林肯电气公司提倡员工做出具有强烈个人主义色彩的行为，但也充分认识到员工之间的相互依赖，并通过贯彻落实黄金法则，围绕如何规范工作场所中的人际关系在道德上达成了共识。然而，当一名或多名员工不能有效率地完成任务时，不同作业之间的相互依赖确实有时会给生产性员工带来麻烦，[11] 这通常发生在计件工资制度下。正是在计件工资制度下，员工高度依赖彼此。

表 1-2 林肯电气公司管理系统鼓励的美德

林肯电气公司管理系统鼓励下述美德的发展，这些美德符合犹太—基督教的工作伦理：
• 诚实
• 可信赖
• 坦诚
• 勤奋
• 创造力
• 自我管理
• 忠于公司和客户
• 相互公平对待
• 辛勤工作之人只着眼于任务而不是时钟
• 可教/谦虚
• 问责性
• 能力
• 守时
• 合作——与他人和睦相处的能力、构建社区的能力

对待股东时遵循的价值观——适应近期的难题

林肯电气公司已经发展为跨国电弧焊接设备生产商和分销商，自1986年开始，在欧洲、亚洲、拉美开展了一系列非常积极的跨国收购。实施跨国扩张的具体原因如下：

1. 美国国内市场日益成熟；

2. 包括林肯电气公司的客户在内，美国的制造商纷纷把生产线转移到海外；

3. 塑料、铝、水泥等替代品对钢铁造成的压力；

4. 进口产品对林肯电气公司实现规模经济、保持全球低成本焊接设备和消耗品生产商的地位造成的冲击。

林肯电气公司对海外运营并不陌生。在詹姆斯·林肯的领导下，该公司在三个海外国家的"绿地"开设制造业务，其中最早的一个在 1925 年开设于加拿大多伦多；第二个在 1938 年开设于澳大利亚悉尼，服务于澳大利亚和亚洲市场；第三个在 1955 年加入马歇尔计划⊖时开设于法国,[12] 也是詹姆斯·林肯时期规模最大的海外扩张。

1965 年 6 月 23 日詹姆斯·林肯去世，亲身经历过纳粹德国恐怖统治的威廉·伊尔冈（William Irrgang）接任林肯电气公司总裁，担任董事长。基于在欧洲的个人经历，伊尔冈对海外扩张持谨慎态度，试图通过林肯电气公司设在俄亥俄州的工厂或加拿大、澳大利亚、法国的工厂为全球客户提供服务，伊尔冈坚决反对进一步海外扩张。由于林肯电气公司在美国焊接设备和消耗品市场上居于主导地位，所以《反托拉斯法》禁止其通过收购国内竞争对手的方式扩张。1986 年伊尔冈去世后，乔治·威利斯接任林肯电气公司董事长，随即表示准备开始一项积极的跨国扩张计划。

⊖ 马歇尔计划（Marshall Plan），1947 年 6 月 5 日由美国国务卿乔治·马歇尔提出，旨在恢复西欧和南欧国家的经济，对西欧国家的发展和世界政治格局产生了深远影响。——译者注

林肯电气公司实施了一项提高自身国际竞争力的计划。为了提高美国和加拿大业务的规模效益，该公司收购了美国氧气公司电弧焊接部门（即 Airco 公司）焊接消耗品的生产许可证和制造业资产。这些资产位于蒙特利尔㊀和克利夫兰，林肯电气公司收购 Airco 公司后将其并入俄亥俄分公司。[13]

1987 年，林肯电气公司收购液化空气集团（L'Air Liquide）位于澳大利亚的液态电弧焊接业务。收购完成后林肯电气公司出售了收购来的制造工厂，并将其消耗品业务和销售团队并入澳大利亚分公司。这次收购帮助林肯电气公司澳大利亚分公司实现了规模效益。[14]

1987 年和 1988 年，林肯电气公司先后收购了巴西的 Brasoldas 公司和 Torsima 公司，随后在里约热内卢设立了一家分公司，下设一个生产消耗品的大型工厂。林肯电气公司开展此次收购旨在为巴西的焊接设备和消耗品广阔市场提供服务，这是该国大型钢结构制造业的副产品。这家分公司还有助于林肯电气公司打入日益成长的智利市场。[15]

林肯电气公司 1989 年正式成立日本分公司，旨在进入当时尚对外国制造商存在偏见的日本分销系统，这反过来又促使林肯电气公司与 30 多家日本分销商达成协议。林肯电气公司希望其焊接产品能在日本庞大的建筑市场获得认可，其战略是成为该国成本最低、质量最高的焊接设备和消耗品生产商。[16]

同样在 1989 年，林肯电气公司在委内瑞拉兴建的焊接消耗

㊀ 蒙特利尔（Montreal），加拿大东南部海港城市。——译者注

品工厂完工，该工厂由林肯电气公司先前完整收购的卡拉沃沃州㊀合资企业合并而成。¹⁷

1992年㊁，林肯电气公司收购了艾默生电气公司㊂旗下的哈立斯热能公司（Harris Calorific）。哈立斯热能公司是美国最古老的气焊和切割设备制造商，¹⁸被收购后成为林肯电气公司的独立部门，总部和制造基地位于乔治亚州的盖恩斯维尔㊃，下设的工厂分别位于意大利的皮亚诺罗和米兰、爱尔兰的拉特纽、加利福尼亚州的蒙特利公园。收购意大利和爱尔兰的工厂是林肯电气公司与挪威Norweld Holding A/S公司达成的协议的一部分。

1988年，林肯电气公司收购了电焊条生产商Armco Mexicana公司的资产；同年5月，收购焊机制造商Industrias Sigma公司；1992年，收购生产电焊条、焊机、焊丝的Champion International公司，三笔收购都在墨西哥城完成交易。¹⁹

1988年，林肯电气公司与挪威Norweld Holding A/S公司成立了一家合资企业，初始协议规定林肯电气公司掌握合资企业大约三分之一股份，Norweld Holding A/S公司生产焊机和消耗品。1989年，根据初始协议规定Norweld Holding A/S公司把英国的子公司出售给林

㊀ 卡拉沃沃州（Carabobo），委内瑞拉北部的工业州，濒临加勒比海。——译者注
㊁ 经核实，应为1990年。——译者注
㊂ 艾默生电气公司（Emerson Electric Company），美国跨国公司，1890年由艾默生（John W. Emerson，1832—1899）创立。——译者注
㊃ 盖恩斯维尔（Gainsville），美国乔治亚州城市，境内分布有大量家禽加工厂。——译者注

肯电气公司。1989年，林肯电气公司收购了西班牙的Lincoln KD SA公司，将其并入与Norweld Holding A/S公司合资的业务。这使得林肯电气公司在合资企业中的股份增加到三分之二。1992年，林肯电气公司收购其余股份，从而将其转变为全资子公司。

林肯电气公司根据与Norweld Holding A/S公司达成的全面协议，收购了后者旗下设在荷兰奈美根[一]的消耗品生产商Lincoln Smitweld bv公司。到1991年，林肯电气公司与Norweld Holding A/S的合资公司成为前者在欧洲主要的子公司。

1991年，林肯电气公司的另一个大动作是收购德国的焊接设备生产商Meser-Griesheim公司，更名为Messer-Lincoln Gmbh公司。此次收购的原因是德国的焊接设备和电焊条市场约占整个欧洲市场的40%，林肯电气公司没有充分进入德国焊接市场，而Meser-Griesheim公司占有25%的份额。[20]新公司的总部位于法兰克福，在弗尔克林根（Volklingen）生产电弧焊接设备。

Messer-Lincoln Gmbh公司是林肯电气公司所有海外收购中花费最昂贵的一家。尽管收购Meser-Griesheim公司的准确成本尚不清楚，但林肯电气公司《1991年年报》所载的财务报表附注（尤其是附注G）显示，购买价格超过7500万美元。唐纳德·哈斯廷斯[二]估计，乔治·威利斯主导的整个海外收购计划共耗资3.25亿美元。[21]

[一] 奈美根（Nijmegen），荷兰最古老的城市，靠近德国。——译者注
[二] 唐纳德·哈斯廷斯（Donald Hastings，1928—2016），1987—1992年任林肯电气公司总裁。——译者注

海外扩张计划存在的问题

后来的事实证明，林肯电气公司在德国、巴西、委内瑞拉、日本的收购并不明智，公司不得不迅速重组并剥离了这些业务，另外林肯电气公司还精简了欧洲其他工厂的业务，这造成了1992年和1993年的业务损失和重组费用，1992年总损失（税后）2390万美元，1993年总损失（税后）7010万美元。据估计，包括重组费用在内这一快速海外扩张计划造成的税后总损失超过1亿美元。这两年的损失也是该公司历史上首次因并购产生亏损。[22]

在使本公司的文化和管理系统适应外国的经营环境时，林肯电气公司遇到了若干困难。在墨西哥等国家，林肯电气公司很快就适应了当地环境；但在其他国家，林肯电气公司遇到了巨大阻力，面临经营困难和巨额损失。

林肯电气公司收购的三家墨西哥公司，收购前普遍绩效不佳。林肯电气公司从克利夫兰调来一名销售工程师在墨西哥城担任并购后公司的总经理。这名总经理对林肯电气公司的管理系统深信不疑，一上任就着手落实詹姆斯·林肯曾经阐述的原则，同时把具体做法与墨西哥当地的法律和文化相结合。㊀

德国的强制性社会保障成本高昂、从业规则㊁更加刚性、生

㊀ 经核实，此人为麦肯拜克（Frederick Mackenbach），1992年他接替唐纳德·哈斯廷斯出任林肯电气公司总裁兼首席运营官。——译者注

㊁ 从业规则（work rules），泛指用人单位的劳动规章制度，是用人单位为组织劳动过程、进行劳动管理、依法制定和实施的规则和制度的总和，一般适用于本单位的全体或大部分员工。——译者注

产率低于美国员工,导致林肯电气公司的产品丧失竞争力。例如,德国法律不允许采用计件工资制,不允许员工流动和岗位轮换培训,但其中每个因素都在林肯电气公司极具竞争力的生产和管理系统中扮演着重要角色。

另一个疏忽是,林肯电气公司没有料到巴西法律规定连续两年支付给员工的奖金必须纳入基本工资范围,这项法律切断了奖励制度与分公司生产率之间的联系。在巴西和委内瑞拉,林肯电气还遭遇了意想不到的激烈竞争。

林肯电气公司在海外业务中遭受的损失,威胁到了该公司的贷款协议,并可能影响其财务偿付能力,具体违反了为海外扩张计划融资所必需的贷款协议附带条款。

1990—1993 年,林肯电气公司的股东回报率非常低。1990 年的平均股东权益回报率仅为 4.4%,1991 年为 5.5%,然后急剧下跌至 1992 年的 -19.78%,1993 年的 -22%。传统上一直负债较低的林肯电气公司,不得不将长期债务增至 2.5 亿美元,占股东平均股本的 63%。[23]

在这段困难时期,林肯电气公司的员工(尤其是俄亥俄分公司的员工)为进一步改善美国国内业务做出了艰苦努力,试图弥补该公司在海外的损失。为了提高产量,有必要确定并消除工厂中的瓶颈。一旦确定了关键所在,"415 名瓶颈岗位的员工放弃了共计达 614 周的假期,有些人连续工作 7 天甚至几个月。"[24] 1991—1992 年,根据人均销售额来算,俄亥俄分公司员工的生产率增长了 6%;1992—1993 年,增长了 12%。

进而,林肯电气公司的管理层也在尽力合理化海外收购的业务,终于在 1994 年开始盈利,并一直持续到 1998—1999 年。自 1994 年以来,林肯电气公司普通股东的平均股本回报率㊀约为 20%。这个回报率已经非常高了,特别是对焊接行业来说。

值得注意的是,林肯电气公司对不利局面的反应相当自然——没有改变规划或重组机构。管理层与员工之间的高度信任,缔造了不同寻常的共同努力,一起应对和扭转非常严峻的局面。林肯电气公司在应对该局面时体现出的敏捷,完全是根植于公司文化中的人类价值观的自然表现。

接下来我们将研究和分析林肯电气公司当前的管理系统。

注 释

1. Lincoln Electric Holdings, Inc., Press Release, "Lincoln Electric Posts Record Earnings for 1998," February 3, 1999.
2. 参见 James F. Lincoln, *A New Approach to Industrial Economics* (New York: Devin-Adir Company, 1961)。他写了另外两本书专门讨论该公司的激励管理系统,即:*Lincoln's Incentive System* (New York: McGraw-Hill, 1946) 和 *Incentive Man-agement* (Cleveland, OH: Lincoln Electric Company, 1951)。另一本书 *The American Century of John C. Lincoln*, by Raymond Moley,是约翰·林肯的传记,提供了关于该公司的大量背景资料。
3. New International Version of the Bible (New York: Hawthorne Books,

---

㊀ 股本回报率(ROE),又称净资产收益率,是衡量企业盈利能力的重要指标,是公司净利润与平均所有者权益的百分比。——译者注

1962，1975）.

4. James F. Lincoln，*A New Approach to Industrial Economics*（New York：The Devin-Adir Company，1961）. 此处经授权有调整。

5. Milton Friedman，*Capitalism and Freedom*（Chicago：University of Chicago Press，1962），133。

6. 引自 Richard Sabo of Lincoln Electric，in Section 3，Money & Business，"Royal Blue Collars," p.12，of *The New York Times*（Sunday，March 22，1998）。

7. 出处同上.，第12页。

8. Reported on the *MacNeil/Lehrer News Hour*，June 5，1992，and reproduced in Kenneth Chilton，"Lincoln Electric Incentive System：Can It Be Transferred Overseas?" *Compensation and Benefits Review*（November-December 1993）：25。

9. *Business Week*，April 21，1997，and April 20，1998. 转引自高管薪酬观察网，网址：http://www.paywatch.org/paywatch/index.htm。

10. 这些理论都非常接近林肯电气公司强调的美德：Max Weber，*The Protestant Ethic and the Spirit of Capitalism*，trans. Talcott Parsons（New York：Charles Scribner's Sons，1958）；by Michael Novak，*The Spirit of Democratic Capitalism*（New York：Simon and Schuster，1982）；and Michael Novak，*The Catholic Ethic and the Spirit of Capitalism*（New York：Free Press，1993）。

11. Section 3，Money & Business，p.12，*The New York Times*（Sunday，March 22，1998）。

12. Christopher A. Bartlett and Jamie O'Connell，*Lincoln Electric：Venturing Abroad*，Boston：Harvard Business School，Case 9-398-095（April 22，1998）：5。

13. The Lincoln Electric Company，1987 *Annual Report*，p.2，Cleveland，Ohio；and Scott J. Schraff，"Strategic Management at The Lincoln Electric Company"（master's thesis，Cleveland State University，1993）：26。

14. 1987 *Annual Report*, 2; Schraff, 32。
15. 1987 *Annual Report*, 2; Schraff, 34。
16. 1988 *Annual Report*, 2; Schraff, 32 – 33。
17. 出处同上。
18. http://www.lincolnelectric.com/corp98/index.htm。
19. The Lincoln Electric Company, 1988 *Annual Report*, p.2, Cleveland, OH; Schraff, "Strategic Management," 34 – 35。
20. 1990 *Annual Report*, 2; Schraff, 29。
21. Donald F. Hastings, "Lincoln Electric's Harsh Lessons from International Expansion," *Harvard Business Review*, May-June 1999, p.164。
22. 出处同上., 第163页。
23. 出处同上., 第168页。
24. 出处同上., 第174页。

第2章 管理系统：
管理风格与哲学

第2章和第3章将描述和分析当前林肯电气公司的管理系统。遵循图2-1和图2-2的路径，我追溯了价值观对该公司设计正式和非正式管理系统的影响，这些管理系统被公司用来实施面向各利益相关方的战略。

正式组织、非正式组织与管理系统

正式管理系统被用于各机构的正式组织中。正式组织的定义是，得到组织管理层授权的协调体系。切斯特·巴纳德㊀将正式组织定义为："两个或两个以上的人有意识地协调其活动或力量

㊀ 切斯特·巴纳德（Chester I. Barnard, 1886—1961），美国管理学家，提出协作系统论、组织平衡论、权威接受论等管理理论，被誉为"现代管理理论之父"，代表作《经理人员的职能》。——译者注

的系统。"¹正式组织也是"计划好的结构,并意味着慎重尝试在各部分之间构建模式化的关系,以卓有成效地实现目标。"²管理层设计正式管理系统,旨在塑造帮助组织实现目标和宗旨的行为模式。如果管理系统有助于和决策者沟通相关信息,那么就是有效的。沟通用于执行规划、测量、资源分配、绩效汇报、绩效评估等任务。

非正式管理系统由各机构中的非正式组织采用。根据巴纳德的定义,"非正式组织是相互接触、互动、联系的人群的集合……尽管该定义未包含共同的或联合的目的,但非正式组织能够带来共同的或联合的重要成果。"³非正式组织还被定义为"正式组织不构建或不要求的个人与社会关系网,源自人们的社会交往,也就是说,非正式组织是随着人们相互交往而自发发展起来的。"⁴作为一种人际关系体系的非正式管理系统,可能非常有助于履行与正式管理系统相同的功能。非正式管理系统立足于人际关系而不是正式权威。

正式组织、非正式组织与管理系统高度相互依赖。正如巴纳德所言:"它们是同一现象彼此依赖的不同侧面……社会由正式组织构成,正式组织由非正式组织赋予活力,并受到非正式组织的制约……二者缺一不可。如果一个失败了,另一个就会瓦解。"⁵无独有偶,戴维斯⊖相信,管理层应该努力"把正式系统和

⊖ 戴维斯(Keith Davis,1918—2002),美国管理学家,把人际关系研究由感性阶段推进到经验主义的组织行为研究,被誉为"人际关系先生"。——译者注

非正式系统的长期利益结合起来,使它们能够以同样的方式评估和奖励员工。"[6]

换句话说,正式与非正式管理系统应该相互支持,满足企业所在的经营环境的要求。为了卓有成效地实施组织战略,有必要使企业的内部管理满足外部环境的要求。如果相互关联的正式系统和非正式系统不一致,就会导致组织无法履行职能,进一步造成绩效低下。[7]

设计管理系统的通用模型

下面我们将讨论林肯电气公司管理系统与环境的关系,以及整个正式管理系统与非正式管理系统的关系。

林肯电气公司取得的历史性成就,很大一部分可以归功于其管理系统。管理系统和管理过程共同提高了组织的能力,促进了企业在长时期内的成功。

图2-1和图2-2为我们提供了"路线分析图",描述和分析了高管的领导力、价值观与信念对林肯电气公司管理系统的影响。如果我们对其管理系统的设计没有充分了解,就难以理解该公司的成功。

如果其他企业的高管想要复制林肯电气公司取得的成就,那么就必须理解其价值观子系统和整个管理系统之间相互交织的"系统性影响"。

敏捷或适应性管理系统

敏捷管理系统[8]由一套正式和非正式系统组成,设计这些系统旨在把组织内各部门和个人的努力统一起来，协助管理层带领组织实现目标。正式系统和非正式系统彼此不同但高度相关，都是管理系统的子系统且有时难以区分。如果这两套系统彼此保持一致，其设计能够不断改善以持续应对环境带来的竞争挑战，那么管理系统就可谓是敏捷的。

正式系统

正式系统（见图 2-1）通过明确组织成员需要遵循的结构、政策和程序，使得授权成为可能。关于这些结构、政策和程序的正式规定有助于组织成员履行职责。图 2-1 直观地展示了五个相互支持的管理子系统。该系统缔造的结构、程序和模式能够协助计划和维护战略的管理层实现组织在常规和稳定环境中制定的目标。

正式子系统的设计应聚焦于客户和市场需求，且与组织的非正式系统相辅相成，进而每个子系统的设计都应该对短期利益的管理、保持竞争力所需的创新予以明确规定。

正式管理系统的各子系统包括：基本结构、管理风格与组织文化、奖励、协调整合、控制过程，具体如图 2-1 所示：

非正式系统

如前所述，所有组织都具有与正式系统配套的非正式系统或维度。非正式组织是正式组织的补充，非正式系统也是正式系统的补充。

非正式系统要求管理层采用一种不同于运作正式结构、政策、程序所需的思维模式。正式系统的"正式性"导致一种明确界定的行为模式和期望模式;非正式系统的"非正式性"指的是一套交互作用模式。

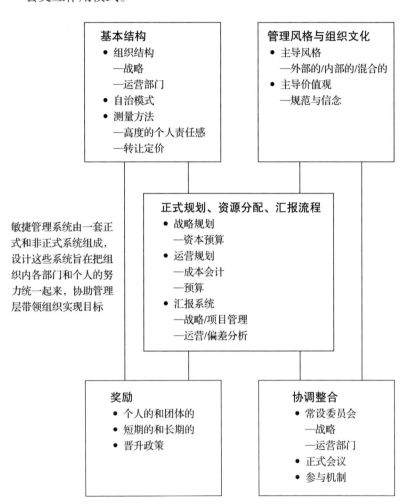

图 2-1　正式管理系统

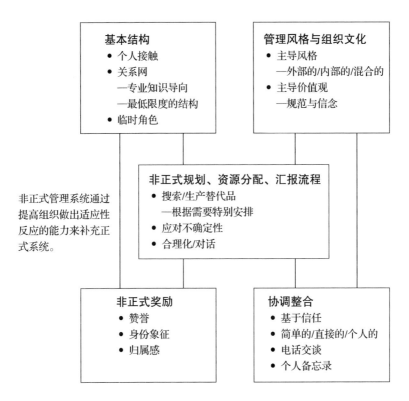

图 2-2 非正式管理系统

图 2-2 直观地展示了构成非正式系统的管理子系统结构,这些系统彼此相互支持,共同发挥作用。正式的基本结构在非正式管理系统中的对应物是临时角色。临时角色是立足于专业知识、经验、信任的非正式关系和责任,帮助构建合作的规范,通过发展非正式工作关系促进问题的解决和学习。非正式接触能够促进人们相互包容,构建社区,鼓励为组织宗旨"心甘情愿地服务"。外围的其余三个方框分别代表奖励活动、非正式协调机制、风格与文化。奖励活动立足于关于个人绩效的反馈信息;非正式协调

机制是由社会化和相互调整而产生的合作关系网；风格与文化则由管理的主导风格和组织的主要价值观构成。

在正式管理过程之外，非正式管理是指组织成员面临非常规决策时开展的活动，例如，根据新信息调整目标，以加深对新机会、新问题与潜在解决方案的理解。

非正式系统有助于提高组织的学习能力、主动反应能力以及适应性反应能力，从而补充正式系统。非正式系统通常以人际活动或临时结构的复杂模式发展起来，受到主导文化控制，该文化支持管理层在环境变化时调整和维护组织。与五个正式的子系统一样，各个非正式的子系统也应该以相辅相成和相互加强的方式来设计。

关键是要认识到：如果林肯电气公司或其他任何企业"信奉的价值观"要与组织中"实际运用"的价值观保持一致，那么这些价值观必须影响正式和非正式管理系统的详细设计和运作。

管理系统：风格与哲学

在104年的历史中，林肯电气公司共经历了六位CEO，最高层的管理风格并非一成不变，[9]但也有若干相当稳定的要素。

詹姆斯·林肯开创了该公司的管理哲学和价值观。詹姆斯的理念完全植根于犹太—基督教伦理，对于公司如何管理与客户、员工、股东的关系产生了强烈影响。在104年的历史中，这部分管理哲学基本上始终未变，然而，这六位CEO彼此的管理风格存在显著差异。

众所周知，詹姆斯·林肯作为 CEO 拥有非常强的权威，甚至独断专行，他坚信"自己比任何人都能更好地配置资源，协调活动，平衡需求。"[10]

林肯电气公司的管理哲学也反映了对人的高度尊重，包括坚信员工能够为了自我和客户的利益提高各项能力。无论过去还是现在的管理层，为促进员工的发展做出的重大努力都是对该信念的支持。

林肯电气公司的管理哲学还包括致力于广泛的员工培训和开发，承诺只要决策涉及员工的专业领域，就邀请他们参与公司决策。此外，这种哲学始终承认人的尊严，体现在对员工的信任和尊重上。最后，这种哲学体现了一种根据员工的生产率、创造力与付出来奖励员工的理念。上述特点一直以来都是林肯电气公司管理哲学的标志。作为回报，员工也付出了极大努力来帮助企业取得成功。

据认识詹姆斯·林肯的人说，他实际是一个腼腆的人。在保持公司高层自上至下强有力领导的同时，他还在管理层和员工之间构建了一套重要的合作和参与机制。1914 年，詹姆斯·林肯建立了一个咨询委员会，尽管该委员会的议题非常广泛，但从来都仅限于涉及员工利益或业务专长的议题。

1965 年威廉·伊尔冈被詹姆斯·林肯任命为 CEO 后，表现出类似的管理风格。伊尔冈很大程度上扮演控制者的角色，决定延续既有的管理哲学并完善相关系统，致力于激励管理层、提高生产率、控制成本。此外伊尔冈坚决反对海外扩张。

乔治·威利斯与此不同。1986 年威利斯接替伊尔冈后，致力于打破林肯电气公司的"偏狭状态"。作为该过程的一部分，威利斯招聘新的工程和营销人员，扩展公司的产品线。威利斯保留了由詹姆斯·林肯缔造并由伊尔冈延续的组织原则，例如，一线主管和员工之间采用管理幅度非常大的扁平化组织结构，高度重视生产率和控制成本，同样明确地承诺实行激励管理。与两位前任相同的是，威利斯非常努力地提高生产率，降低成本，毫无疑问他是美国制造型企业最优秀的执行官之一。威利斯坚信林肯电气公司是世界上最卓越的制造型企业。与两位前任不同的是，威利斯极为关注公司的客户，每个月大约有一周时间在外地拜访客户。威利斯与两位前任的不同之处还在于重视权力共享的管理风格。威利斯允许下级人员拥有非常大的自治权，承担重要责任。詹姆斯·林肯和威廉·伊尔冈都是在即将去世时任命继承人，威利斯则制定了一个更加有条不紊的接班计划。此外，威利斯还开启了一系列管理培训项目，以扩展并深化管理专业知识，他认识到商业日益全球化的趋势，所以急于扩大林肯电气公司的海外业务。

唐纳德·哈斯廷斯的管理风格具有更强烈的参与性和流动性，注重团队合作，赋予总裁和首席运营官麦肯拜克很大程度的自治权。哈斯廷斯采用一种"亲力亲为"的管理风格，他本人负责增加销售额，麦肯拜克负责削减成本。[11]区域国际总裁在监督北美和国际业务方面也获得了更大的自主权。

初步迹象表明，林肯电气公司第六任董事长兼 CEO 安东尼（托尼）·马萨罗（Anthony Massaro）正在缔造一家全球性企业。马萨罗赋予区域国际总裁和各国分公司总经理广泛的自主权。公司各部门相互联络的正式管理信息系统也得到了很大改进。林肯电气公司的首席财务官杰伊·埃利奥特（Jay Elliot）在评论马萨罗重组欧洲业务的方法时说：

> 在历史上，林肯电气公司的最高管理层往往选择从上往下强加一套解决方案，但托尼没有模仿此类做法。相反，他创建了一个欧洲式管理团队，由每家分公司的总经理构成……团队成员共同负责收集可比数据，然后进行分析以决定哪些工厂将关闭，以及生产将如何转移。[12]

表2-1概括了林肯电气公司主导性管理风格的主要特点，即所有管理层都具有非常强的正式权威，并且也是典型的"亲力亲为"。历史上，林肯电气公司的最高管理层一直熟悉"焊接"。即使现任董事长兼CEO马萨罗对该公司的业务仍然陌生，但也相当了解焊接技术——之前他曾担任西屋公司㊀工业和环境部门总经理。此外，马萨罗不仅了解该行业，还具备丰富的国际经验，而这正是林肯电气公司亟须的。

表2-1 林肯电气公司的管理风格与哲学

- 每个管理职位都具有非常强的正式权威，这是林肯电气公司管理风格的主要特点。每个部门都享有完整的权威。近来林肯电气公司管理自治的程度越来越高
- 运营中亲力亲为的管理风格非常普遍

㊀ 西屋公司（Westinghouse），美国跨国公司，1886年由乔治·西屋（George Westinghouse，1846—1914）创办，是电力工业的开拓者。——译者注

（续）

- 坦诚与信任是管理层和员工之间关系的特征
- 区分管理层和员工的身份象征很少,但随着公司的上市和跨国化,它们正日益增加
- 管理者犹如教练,必须得到服从;员工犹如球员,只有球员才能赢得比赛
- 在每个员工的专业领域,管理层主动让员工参与决策
- 最重要的参与技巧是赋予员工重要的责任和权威,从而增强信任
- 参与仅限于员工了解的议题
- 美国国内业务部门不存在工会或从业规则——管理层与员工之间关系和谐是常态
- 海外业务存在很大差异,多数被工会化

在林肯电气公司,最高管理层的战略制定和生产车间的业务运作从未脱节。战略与业务紧密协调是竞争力强大的企业的显著特征。

林肯电气公司强烈的正式权威与给员工授权的坚定承诺相平衡。实际上,生产性员工与一线主管之间的管理幅度约为100:1,这使得管理层几乎别无选择,只能赋予员工广泛的自治权,并听取员工的建议。员工参与决策并非采取一刀切方式,管理层也保留了一定的权威。

林肯电气公司对中层管理者可能有轻微的偏见。据说:"管理层往往倾向于扮演蓄意阻挠者的角色。如果你想要生产车间里出现有创造力的员工,那么就把他们的顶头上司赶走。"对中层管理者的这种态度以及巨大的管理幅度,导致生产性员工获得了广泛的授权——这是竞争力强大的企业的另一个特点。

林肯电气公司巨大的管理幅度,确实创造了对生产性员工的诚实和判断力的需求。由于缺乏足够的一线主管来监督单个员工

的生产率水平，因此需要"诚实地核算"产出，以落实计件工资制度。诚实守信是业务部门的一项价值观。

林肯电气公司没有运用一线主管来确保员工在认真工作，而是依靠计件工资制度、荣誉制度和绩效奖金计划。管理层自视为教练，承担相应的责任，但很清楚其实是球员（即员工）决定"比赛的输赢。"因此，虽然管理系统常常下达指示，但同时也广泛授权。林肯电气公司授权计划最重要的方面是赋予员工非常大的责任，对他们高度信任。林肯电气公司坚信，只要获得适当的教育与培训，具备相关经验，员工就能够以企业家和管理者的身份开展工作，从而在各自的职责范围内做出决策。上述做法鼓励员工自我开发，提高创造力，学习管理。

在林肯电气公司的历史上，管理层与员工之间的关系在国内业务领域一直非常和谐，这在一定程度上归功于企业内部没有不同地位的象征物。管理层和员工之间的高度信任和善意也使得公司能够在没有工会的情况下经营。

与多数组织一样，林肯电气公司一线主管的素质参差不齐。该公司多数一线主管都扮演着被期待的教练角色，这一角色被管理学者广泛提倡，是试图成为学习型组织的企业内中层管理者的恰当角色。教练角色的主要倡导者是彼得·圣吉，相关论点详见他的畅销书《第五项修炼》。[13]

林肯电气公司海外业务的管理风格更加多样化，不可一概而论。管理风格因国家而异，在若干外国分公司中确实存在从业规则。熟悉林肯电气各分公司所在国家文化的人负责管理大部分海外业务。

注 释

1. Cheser I. Barnard, *The Functions of the Execative* (Cambridges Harvard University Press, 1968), 73。
2. Fremont E. Kast and James E. Rosenzweig, *Oreanization and Management: A Systems and Contingency Approach*, 4th ed. (New York: McGrawHill, 1985), 235。
3. Barnard, 115。
4. Keith Davis, "Informal Organization," in *Human Relations in Business* (New York: McGraw-Hill, 1959), 98 – 118, and in Harold Koontz and Cyril O'Donnell, *Readings in Management* (New York: McGraw-Hill, 1959), 234。
5. Barnard, 120。
6. Davis, 253。
7. 这些发现得到了下列著作的支持: Peter M. Blau and Richard W. Scott, *Formal Organizations: A Comparative Approach* (San Francisco: Chandler Publishing, 1962); and E. J. Miller and A. K. Rice, *Systems of Organization: The Control of Task and Sentiment Boundaries* (London: Tavistock Publications, 1967)。
8. 以图 2 – 1 和图 2 – 2 为代表的本节内容,体现了设计管理系统的综合方法 Joseph A. Maciariello and Calvin J. Kirby, *Management Control Systems: Using Adaptive Systems to Attain Control* (Englewood Cliffs, NJ: Prentice-Hall, 1994). 这种方法也出现在下列作品中: Calvin J. Kirby and Joseph A. Maciariello, "Integrated Product Development and Adaptive Management Systems," *Drucker Management* (fall 1994); in Joseph A. Maciariello, "Management Systems at ServiceMaster: A Theocentric Approach," *Drucker Management* (spring 1996); and in "Management Systems at Lincoln Electric: A Century of Agility," *Journal of Agility and Global Competition*, Vol. I,

No. 4 (New York: John Wiley & Sons, 1997), 46-61. 两期 *Drucker Management* 都由彼得·德鲁克管理研究生院出版, Claremont Graduate University, Claremont, CA 91711。

9. James Lincoln's book entitled *A New Approach to Industrial Economics* contained the most comprehensive discussion of his philosophy of management。

10. Scott J. Schraff, "Strategic Management at The Lincoln Electric Company" (Master's thesis, Cleveland State University, 1993): 17。

11. Schraff, 59。

12. 这段话引自 Christopher A. Bartlett and Jamie O'Connell, *Lincoln Electric: Venturing Abroad*, Case 9-398-095, Boston: Harvard Business School (April 22, 1998) 第9页。

13. Peter Senge, *The Fifth Discipline* (New York: Doubleday/Currency. 1990)。

第3章 管理系统：
基本结构与协调整合

林肯电气公司的基本结构特色鲜明。例如，该公司在大部分历史时期没有正式的组织结构图。现如今林肯电气公司尽管有正式的组织结构图，但被刻意淡化以消除管理层与员工之间的地位差异，这体现了该公司的平等主义价值观。

林肯电气公司的非正式组织非常强大，支持着正式组织的运作，鼓励和期待非官僚主义行为。坦诚和自由流畅的沟通同样如此。表3-1概括了该公司基本结构的特征。

表3-1 林肯电气公司的基本结构

组织结构
• 存在正式的组织结构图，但并未广泛展示或使用
• 强烈的正式权威
• 确定的结构与等级
• 历史上半分权；当前进一步分权 —设立5个区域国际总裁，分别负责欧洲、拉美、亚洲、俄罗斯/非洲/中

（续）

组织结构
东、北美。每位区域国际总裁都是林肯电气公司的副总裁，他们每两个月与 CEO 会面一次，讨论公司的全球战略* ——每位区域国际总裁都承担区域内的销售责任。如果在其负责的区域内设有工厂，那么也要承担生产制造责任。区域国际总裁还要负责规划、预算以及所有整体性业务，如营销、制造、分销。如果在某个国家没有设立制造工厂，若有必要该国的总经理有责任提出相关建议
• 设立 6 个国际区域分销中心，当前的分销都在这些大型区域分销中心进行
• 给予员工广泛的自主权——传统上采用扁平化组织结构，但随着海外收购的开展，这种结构已经发生了变化
• 管理幅度非常宽（100 名员工只有 1 名一线主管）；不存在例行性监督
• 极为严格的招聘标准
• 在世界各国共有约 6400 名员工，其中俄亥俄分公司拥有 3500 名员工
责任测量方法
高度的个人责任感和问责
详细测量每个职位的绩效
强调内部竞争与团队合作之间的平衡
非正式的组织关系
非官僚主义行为
鼓励员工根据需要扮演新角色以解决难题
没有从业规则
由于自由流畅的沟通，所以实现了高水平的非正式交流
不以身份为导向，身份象征物很少

* 关于林肯电气公司海外业务的重组，参见 Christopher A. Bartlett, Jamie O'Connell, *Lincoln Electric*：*Venturing Abroad*，Boston：Harvard Business School，案例#9 -398 -095（1998 年 4 月 22 日），第 10 页。

然而，林肯电气公司确实存在强大的正式权威，并且也存在正式的等级结构。尽管在林肯电气公司历史上管理层级的数量从未超过3级，但近些年快速的海外扩张已经改变了这种结构。现如今林肯电气公司设立了董事长、总裁、CEO；区域国际总裁、副总裁；负责人；工头等职位。某国分公司总经理负责该国的生产和销售。分销业务已经重组为6个国际区域分销中心。

因此，林肯电气公司的管理层次从3级增长到了5~6级，组织结构不像以前那么扁平化了。尽管如此，生产性员工和一线主管之间仍然保持100:1的管理幅度，按照任何标准来衡量，该幅度都非常宽。

例行性监督非常罕见。问题在源头得到处理，快速且不张扬。只有重大问题才会移交给管理层。高度自主性与详细测量每个职位的绩效相匹配，也就是说，生产性员工的高度问责支撑着他们的广泛自主性。

巨大的管理幅度显著提高了根据单位成本核算的生产率水平，导致用工厂员工取代中层管理者，让员工承担许多管理方面的杂务。员工成为管理者和企业家，在这个过程中企业节省了大量监督成本，节约的资金反过来又转变为支付给员工的奖金（本书第4章将讨论该议题）。为了获得这种高素质的员工，林肯电气公司的招聘要求异常严格。平均需要面试75名应聘者才能为1个岗位招到合适人选，招聘标准包括动机以及个人在职场中发展和成长的潜力。当前该公司要求应聘者具有高中以上学历，但实际情况并非始终如此。

在林肯电气公司的管理系统中，员工之间存在内部竞争，但这并不妨碍团队合作。根据奖励子系统的要求，员工要卓有成效地开展工作，必须在团队合作的前提下开展内部竞争。这是因为根据林肯电气公司的奖励制度，可发放的奖金总额直接取决于企业的整体利润率。

因此，根据测量子系统的评估结果，如果某人的绩效远远高于平均水平，但企业由于绩效低下可发放的奖金总额不足，那么此人就得不到奖金！所以测量和奖励子系统对员工之间的竞争、团队合作都具有激励作用，测量子系统采用的标准还会激励员工兼顾企业的短期目标和长期目标。

计件工资制和奖金制度使得公司员工的缺勤率和流动率非常低。平均每年的缺勤率大约为 1.5%~2.5%；排除试用期和退休的情况，平均每年的员工流动率约为 3%。[1]

最高管理层的更迭

表 3-2 是林肯电气公司成立以来最高管理层的更迭年表。图 3-1 则展示了该公司历史上最高管理层继任的时间点。

表 3-2　林肯电气公司最高管理层更迭年表

• 1895 年，约翰·林肯创立林肯电气公司，一家电动机制造与维修企业
• 1885—1929 年[○]，约翰·林肯担任总裁，1954 年去世前一直担任董事长*

[○] 1895 年约翰·林肯创立林肯电气公司，所以此处应为 1895—1929 年。——译者注

（续）

- 1907年，詹姆斯·林肯加入林肯电气公司
- 1914年，詹姆斯·林肯任总经理，并且1929年前一直担任副总裁和总经理
- 1929年，詹姆斯·林肯正式担任总裁；1954年约翰去世后，詹姆斯继任董事长兼CEO；1965年以82岁高龄去世，此前一直担任董事长
- 1954年，杰出的德国工程师威廉·伊尔冈担任总裁。他1928年加入林肯电气公司，1972年至1986年去世前一直担任董事长兼CEO。出于对詹姆斯·林肯遗产的尊重，1965—1972年董事长兼CEO的席位一直空缺
- 1972年，乔治·威利斯接替伊尔冈担任总裁，1986年接任董事长兼CEO，随后林肯电气公司开始进行海外扩张
- 1986年，唐纳德·哈斯廷斯接替威利斯担任总裁，1992年接任董事长兼CEO。哈斯廷斯在约翰·林肯担任董事长时加入林肯电气公司，1997年5月退休，在该公司的工作时间长达44年
- 1992年，麦肯拜克接替哈斯廷斯担任总裁兼首席运营官
- 1996年4月1日，马萨罗在哈斯廷斯领导下担任总裁兼首席运营官；1996年11月1日，马萨罗担任总裁兼CEO；[+]在1996年5月27日召开的公司年会上就任董事长、总裁兼CEO

[*] 随着詹姆斯·林肯更多地参与林肯电气公司的运营中来，约翰·林肯涉足了大量其他的生意活动，此外他还是一位发明家。约翰的其他事业并不在焊接行业，例如在亚利桑那州的斯科茨代尔（Scottsdale）购买了大量土地进行开发，创办驼峰客栈（Camelback Inn），在克利夫兰和哥伦布拥有房产等。

[+] 马萨罗曾经担任西屋公司集团总裁和执行副总裁，1993年加入林肯电气公司。

图 3-1 林肯电气公司 CEO 继任图

林肯电气公司历任 CEO 的更迭，最引人注目之处在于接班过程井然有序。在公司 100 余年的历史上，该公司仅交接过 5 次 CEO 职位，且每位 CEO 的任期都很长，其中 4 位与林肯家族有直接关系（尤其是詹姆斯·林肯），有助于公司价值观、道德基础和管理系统的延续。

詹姆斯·林肯之后的 3 位 CEO，每位都与他有直接关系。在以林肯电气公司的"方式"雇用或指导他们方面，詹姆斯发挥了重要作用，且每位 CEO 的任期都很长。因为与詹姆斯·林肯有直接关系，所以每位 CEO 都对公司价值观、道德基础和管理系统的延续发挥了重要作用。**结果，林肯电气公司管理系统的价值观和道德基础，在长达一个世纪的时间内基本保持稳定！**

1996 年 11 月 1 日，安东尼·马萨罗成为林肯电气公司第 6 任总裁兼 CEO，同时哈斯廷斯继续担任董事长。马萨罗是第一位被任命为 CEO 的"外人"。来自西屋公司的马萨罗与来自固特异

㊀ 应为 1895 年。——译者注

轮胎公司㊀的现任 CFO 杰伊·埃利奥特（Jay Elliot）之所以被吸收入最高管理层，是因为林肯电气公司缺乏海外经验，他们的加入有助于帮助公司有效地管理海外业务和海外扩张。换言之，马萨罗的任务是让林肯电气公司顺利转型为全球企业。

马萨罗对 80 年代末海外扩张计划的评估，揭示了林肯电气公司中断内部人接班制度的原因。他表示："由于收购之后不久全球经济就陷入了衰退时期，因此海外收购的时机并不明智，并且林肯电气公司在若干经济低迷的地区开展收购，随后为此付出了代价。"然而马萨罗认为，各国致力于发展经济的政策将持续，但"我们的全球扩张将要立足于更加谨慎的基础，集中于市场正在扩张、对我们的产品有需求的地区。"[2]

然而需要指出的是，中断最高管理层由内部人接班的制度具有潜在弊端，可能对一个多世纪以来行之有效的企业文化和管理系统构成威胁。

管理系统：协调整合

表 3-3 列出了林肯电气公司管理层为协调与整合各项业务采取的做法。该公司利用各种正式和非正式网络与所有员工共享关于各项业务和财务绩效的信息。

㊀ 固特异轮胎公司（Goodyear），美国跨国轮胎制造公司，1898 年由希贝林（Frank Seiberling, 1859—1955）创建于俄亥俄州。——译者注

表 3-3 协调整合措施

- 员工选举产生的咨询委员会每两周与最高管理层开会讨论并解决员工的关切
- 初级董事会经董事长批准,并由同级选举产生的中高层管理者组成,每月与董事长讨论各种议题。每位管理者的任期最多1年,半年重选一次
- 最高管理层定期与中层管理者开会讨论后者的关切
- 区域国际总裁每两个月与CEO会面,审查业务的进展和改善情况
- 最高管理层成员对生产性员工和中层管理者"门户开放"
- 建议系统
- 相互高度信任——管理幅度是信任的表现和证明之一
- 走动式管理⊖
- 合理的工作轮换
- 非官僚主义的个人沟通
- 通过绩效评估来强化相互之间的坦诚
- 由于计件工资制可以清晰体现薪资和生产率的下降,所以能够迅速发现生产的瓶颈
- 大量培训项目
- 通过销售工作来培训有潜力的生产性员工

　　林肯电气公司设立了大量正式的联络委员会和理事会,其中咨询委员会尤其值得注意。咨询委员会成员全部由非管理人员选举产生,每两周与最高管理层开会讨论员工关切的议题。咨询委员会还负责评估员工经由建议系统提交的建议,进而提议执行哪

⊖ 走动式管理(Management-by-walking around),指高管经常抽空前往各部门走动,以了解更丰富、更直接的员工工作问题,并及时解决员工工作困境的管理方式。——译者注

些建议，并估算执行可能会带来的费用节约。

赫布鲁克（Charles G. Herbruck）在为詹姆斯·林肯的著作《工业经济学的新途径》撰写的序言中写道：

> 詹姆斯意识到自己比较年轻，缺乏经验，为了公司的成功和个人的成就，他把相关人员召集起来，让每个部门推选出代表，与他坐在一起就公司运营向他提出建议。这个群体的职能纯粹是顾问咨询，但其兴趣和关切范围不受限制。詹姆斯·林肯后来在谈到这个群体时说："我知道，如果能让员工像我一样殷切希望公司取得成功，那么就没有不能共同克服的困难。"[3]

咨询委员会就此诞生，自1914年成立以来，该委员会每两个月举行一次会议，无数的建议和创新造就了今日的林肯电气公司。此外或许同样重要的是，咨询委员会一直是该公司设法维护团结的关键正式机制之一，也是在无须罢工和频繁停工的情况下劳资冲突得以妥善解决的工具。

在林肯电气公司发展的早期阶段，建立咨询委员会是一项令人瞩目的创新。咨询委员会作为和平解决劳资冲突的机制，在美国其他企业中没有同类机构。

林肯电气公司的非正式沟通系统也非常普遍，包括"门户开放政策"、坦诚沟通与及时反馈、最高管理层和中层管理者的"走动式管理"等，种种非正式举措加强了企业内部的协调与整合。

林肯电气公司利用各种正式和非正式协调整合网络，与所有员工共享关于各项业务和财务绩效的信息，这有助于生产性员工对企业的整体经济绩效产生认同感。由于多数员工是林肯电气公司的股东，所以分享财务信息非常重要。

咨询委员会不仅每两周与最高管理层开会讨论员工的关注点，还负责评估相关的建议，继而围绕该执行哪些建议提出意见，并估算可能会节省的费用。

林肯电气公司设立了多个内部协调机构，非常有助于赢得员工对企业目标和宗旨的认可与信任。罗伯特·帕特南⊖提出了公共实体（如城市、州、国家）中的社会资本概念，强调群体的成员身份和公共信任。[4] 尽管林肯电气公司没有类似的定量指标，但社会资本概念确实嵌入到了管理系统的设计中。因为林肯电气公司的社会资本非常发达，所以进行协调和控制的费用非常低，有助于削减成本、提高生产率、增强行动的敏捷。

通过采取交叉培训和工作轮换制度，林肯电气公司促进了各项业务的协调与整合。从业规则的缺失与交叉培训工厂员工，都有助于企业在遭遇经济衰退时把员工调整到销售岗位。例如，林肯电气公司已经培训了许多生产性员工从事弧焊设备的销售工作，从而增加了面向小型企业的营利性业务。

此处我们再次看到林肯电气公司非常自然地提出一项敏捷解决方案。消除业务的周期性以及成功地持续提高总体生产率，都会对持续就业造成冲击，敏捷解决方案有助于应对这种冲击。

⊖ 罗伯特·帕特南（Robert D. Putnam，1941—），美国哈佛大学教授，1989—1991年任肯尼迪政府学院院长，以研究社会资本闻名，代表作《独自打保龄》。——译者注

交叉培训与工作轮换也能给予员工一种"整体感",有助于他们的工作与整个企业的经营保持同步。因此,交叉培训与工作轮换是协调与整合企业各项业务的有效手段,反过来这也会进一步增强员工对企业整体利益的认同。

学到的经验教训

在调查了林肯电气公司协调与整合系统中的参与程度、激励系统的有效度以及生产率的增长速度之后,林肯电气公司为罗伯特·贝拉等人的下述结论提供了令人信服的例子:

要恢复高生产率,就必须要有各种形式的员工参与——无论是参与各项工作决策,还是分享企业的所有权或得到与提高利润率相应的奖金。[5]

下一章我们将阐述林肯电气公司的奖励与赞誉系统。

注 释

1. Donald F. Hastings,"Lincoln Electric's Harsh Lessons from International Expansion," *Harvard Business Review* (May-June 1999): 170。
2. 上述言论出自对 Thomas W. Gerdel 的采访,参见 *Plain Dealer*, Cleveland, 1996 年 9 月 29 日星期日。
3. James F. Lincoln, *A New Approach to Industrial Economics* (New York: Devon-Adir Company, 1961), 7。
4. Robert D. Putnam,"The Prosperous Community: Social Capital and Public

Life," *American Prospect* 13 (spring 1993): 35。

5. Robert N. Bellah, Richard Madsen, William Sullivan, Ann Swindler, and Steven M. Tipton, *The Good Society* (New York: Vintage Books, Random House, 1991), 101. 在这本独特的反思性著作中，作者们参考了 *The Cumo Commission Report*, The Cumo Commission on Trade and Competitiveness (New York: Simon & Shuster, 1988)。

第4章 管理系统：奖励与赞誉

计件工资制

林肯电气公司超过90%的生产性员工适用计件工资制（这是奖励制度的核心），旨在把企业获得的成果分配给生产产品的员工。[1]该公司的工业工程师基于时间和动作研究，根据达到计划目标所需的生产率水平来设定计件工资率，以确定适合每个具体岗位的基本工资水平。林肯电气公司已经确立了超过70000项具体操作的计件工资率。[2]

计件工资率的确立需要工业工程师付出巨大努力。为了跟上技术变化的步伐，计件工资率必须不断更新。在技术未发生变化的情况下，计件工资率则会根据生活成本以及生产过程中的其他重大变化进行调整。

除上述三个原因外，还有一种情况也会改变已经确立的计件工资率：如果员工能够让管理层相信某个岗位的计件工资率不公平，那么就可以改变计件工资率。然而这种情况非常少见，因为根据实际绩效公平分配奖励正是管理层构建计件工资制的初衷。

焊接设备部门的 3 名工业工程师和电焊条部门的 3~4 名工业工程师负责确定和修正超过 70000 项具体操作的计件工资率。通常只有在某项工作确立之后，才会进行时间与动作研究。如果需要设立计件工资率的某项工作存在以往的生产率数据，那么工业工程师就不会将其分解为各项操作。如果需要设立计件工资率的某项工作不存在以往的生产率数据，那么就会被分解为若干项操作，并新设相应的计件工资率。

计件工资制有效发挥作用的原因有两个：首先是经济原因，计件工资制把生产性员工转变为企业家——工资取决于产出，产出进而又取决于学习和创造力；其次是提供了一个高效率的信息流动机制，这个原因并非显而易见。

要理解计件工资制提供的信息流动机制，可以参考即时库存系统。即时依赖于生产过程的每一步刚好完成，准备进行下一步工作的时刻，下一次输入恰好抵达。如果原材料没有准时抵达就会导致停工。当出现停工时，生产性员工和管理者必须迅速识别问题以恢复生产。实行即时库存系统后，供应商或输入的质量等出现问题都可能会造成停工，继而管理层需要确定问题的原因。如果企业拥有缓冲库存，那么管理层就不能迅速得到这方面的信息。

同样，实行计件工资制后，问题及其原因很快就能被识别。之所以能够实现该目标，是因为员工除非从事生产否则就拿不到工资。当生产中断时，员工有动力迅速识别并解决问题，所以说,计件工资制提供了一个信息流动机制,当人们的收入受到影响时,该机制就会被触发。员工普遍认为,信息实现了即时流动,识别问题根源的动机非常强烈。

因此,计件工资制与即时库存系统实现的是同样的目标,都能够迅速识别问题的瓶颈所在。

表4-1概括了林肯电气公司的奖励与赞誉系统。

表4-1 奖励与赞誉

● 计件工资制加上绩效奖金
● 绩效评分卡上包括四项标准:产出、质量、可靠、建议与合作,据此每半年进行一次绩效评估
● 奖金与绩效挂钩,但奖金占的比例近年有所下降
● 截至1998年的10年内,奖金额平均约占工资基数(wage base)的61%,并且该比例一直在下降。在1955—1984年的30年内,奖金额平均为工资基数的92.25%,实际上该百分比已经低于以往的比值(高于或等于100%)。重点已经转向总薪资。林肯电气希望员工明白,公司正在为他们的一揽子福利(包括退休福利)提供资金
● 退休计划是一个已经实行多年的固定收益计划⊖
● 尽管用来支付员工医疗保障、保险的费用来自总奖金,但由公司支付这些费用,以便能够在税前从员工的工资中扣除
● 根据计件工资核算的总薪资仍然远高于克利夫兰的平均水平。克利夫兰1996年制造业和政府公务员的平均总薪资是26000美元,而林肯电气公司计件员工的平均总薪资是60000美元

⊖ 固定收益计划(defined benefits plan),根据某一固定公式对类资产进行配置来安排退休收益的养老金计划,此类计划的风险主要由雇主承担,且雇主会从形势的积极转变中受益。——译者注

(续)

- 林肯电气公司的薪酬结构非常平等,最高管理层与最基层员工的总薪资比为 15∶1
- 员工持股计划。员工在市场上购买该公司股票,但无须佣金。另一种员工购买股票的方式是税前通过 401-(k) 计划购买
- 工作保障——保证试用期结束后持续就业。管理层制定政策,确保员工每周的最低工作时间为 30 小时
- 对技艺的自豪感
- 允许加入咨询委员会
- 拥有感。林肯电气公司 60% 的普通股掌握在林肯家族、员工以及退休人员手中,机构投资者的持股比例仅占全部净发票的 17.9%
- 绩效评分奖金制度促进员工彼此紧密联系。围绕 100 点数展开的合理竞争(奖金制度是零和制度)能够达到增加员工人数的效果,但对于特别优秀的员工,奖金制度存在一个非零和维度
- 总奖金的数额基于公司的总利润。没有利润就没有奖金

奖金制度

除了计件工资,所有员工(包括白领员工[3])都有资格获得年度奖金。奖金的核算基于每半年一次的绩效评估,根据四项标准:产出、质量、可靠、建议与合作,用于评估的表格称作绩效评分卡。

只有林肯电气公司最高管理层的 5 名成员被排除在该奖金制度之外,他们的收入由工资和基于公司利润的奖金组成,总体来看不算高。由于他们的总薪酬与员工的奖金同步波动,因此有助于构建一个高度平等的薪酬结构。

让我们来考察一下奖金制度发挥作用的原理。[4] 林肯电气公司的管理层为每个生产部门的每位员工分配了 100 点,四项标准各有 25 点。因此,每个部门的管理者都有固定数量的点数分配给生产性员工,从而构成了评分系统的竞争性维度。发放奖金时,员工在每项标准上的点数既可以远高于又可以远低于 25 点。

每半年根据下述四项标准评估每位员工:

1. 产出

这是对企业产出的定量评估。

2. 质量

这是一种定量评估,通过评估半年内产生的残次品数量和严重程度,并从分配给质量的 25 点中减去相应的点数予以确定。质检部门来确定组织中生产最终被证明存在缺陷的部件之人,接下来相关部门的管理者会调整此人的质量点数。在评估质量时,由于直接具体到质量低下的员工,所以绩效评分制度非常客观。质量缺陷不仅会导致扣除点数(有点主观),而且员工还必须自己抽时间进行必要的矫正(非常客观)。残次品导致扣除的点数(5~10 点),取决于发现者是质检部门还是客户。[5]

3. 可靠

这既是一种定量评估,又是一种定性评估。缺勤是唯一的定量标准,需要扣除相应的点数——大约缺勤 1 天扣 4 点。[6] 此外,可靠就是部门管理者对每位员工的主观判断问题了。缺勤确实会影响产出所以作为客观标准,但如果员工真的生病了该如何处理?林肯电气公司的员工没有病假,但给真正患病的员工发放津贴，该项津贴来自员工贡献给"患病账户"的资金，并且根据需求予以补充。这方面的主观维度与什么构成了一种"确诊的疾病"有关，受到人为因素影响。

4. 建议与合作

这方面，部门管理者会查看每位员工的整体合作情况，以及被评估时期内对建议系统的贡献情况。如果某位员工提出的建议被咨询委员会采纳并予以实施，那么就可能提高绩效评分，具体点数视建议的重要性而定。[7] 因此，建议也可以非常客观，可以简化到节约的资金。除此之外的其他方面都是主观的。

一旦每位员工都根据上述四项标准进行打分，那么一线主管就能够根据每项标准对其加以排名。例如，一线主管会查看产出方面表现最好的员工，将其排在第一名，进而从高到低排列每名员工——该阶段不再分配点数，最后，一线主管会停留在最中间的人身上（中位数），他获得 25 点——一半人高于他，另一半人低于他。

绩效评分卡

图 4-1 至图 4-4 是林肯电气公司激励系统中四项标准的评分卡模板。1996 年 10 月，我们经过与林肯电气公司讨论之后给出了这些模板。整个方框的格式经授权改编自案例"林肯电气公司，1989 年"，该案例编写于 1989 年，版权归路易斯安那州，查尔斯湖市㊀，麦克尼斯州立大学（McNeese State），阿瑟·夏普林

㊀ 查尔斯湖市（Lake Charles），美国路易斯安娜州西南部城市。——译者注

（Arthur Sharplin）。

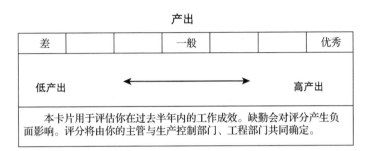

图 4-1　林肯电气公司绩效评分卡：产出

图 4-2　林肯电气公司绩效评分卡：质量

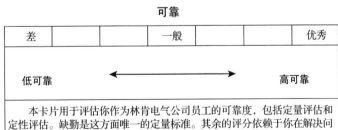

图 4-3　林肯电气公司绩效评分卡：可靠

图 4-4 林肯电气公司绩效评分卡：建议与合作

奖金的比值、核算与绩效排名

绩效评分的实际结果"低至45点，高至160点"不等。大约75%的员工获得的点数在90～110之间。[8] 超过110点的数值必须获得上级管理者批准，并加入分配给该部门的总点数。以往只有"不到1%员工的点数达到或高于140点。"[9] 所有超过110点的"额外点数"并不会从本部门其他员工的点数总额中扣除，所以绩效点数制度在员工之间创造了合理的竞争，但不是那种会破坏彼此合作的竞争。

董事会决定每年发给员工的奖金总额，进而奖金总额除以奖金获得者的工资总额得出奖金所占的比值。1955—1981年该比值接近于100%。在过去的12年中该比值介于52%～77%之间。1992—1998年该比值介于50%～60%之间。

在过去，员工以100%的比值作为标杆。1965年该比值实际达到了123%，但此后一直下降，1998年下降至56%。

最高管理层通过削减奖金的比值以弥补海外扩张造成的损

失。员工们认为这种状况应该在一两年后终止,但他们没有想到,按照每年 1000 万~1500 万美元的速度弥补 1 亿美元的亏损,需要多年时间才能填平。

然而,即便是在林肯电气公司历史上最糟糕的两年(即 1992 年和 1993 年),奖金所占的比值也超过 60%。这展现了该公司对激励管理的承诺,也反映了董事会对俄亥俄分公司员工超高生产率(尤其是在极为困难年份的生产率)的认可。

随着奖金所占比值的下降,员工的不安情绪有所上升,但到 1996 年,他们已经降低了期望值,林肯电气公司员工奖金所占的比值会再度上涨至 100% 吗?因为需要留存收益来为扩张融资,所以最高管理层对此表示怀疑。但由于林肯电气公司独一无二的管理系统在人们之间创造了信任,维系了人类价值观,所以可能会对企业造成严重损害的棘手难题得到了解决。

可能会存在一个低于 100% 的比值是员工可以接受的,但董事会尚不确定具体是多少。[10]

员工的奖金究竟是如何计算的?每位员工的奖金根据计件工资制的基本工资乘以该年度的绩效评分(正常情况下在 80~120 点之间,即 80%~120%),得到的结果(我们可以称之为绩效收入)再乘以奖金所占的比值,就会得出某位员工的奖金数额。例如,假设某位员工 1998 年的基本工资总额是 40000 美元,其绩效评分是 110 点,那么绩效收入就是 40000 美元乘以 110%,即 44000 美元。现在假设奖金总额占工资总额的 75%,即奖金所占的比值为 75%,所以该员工 1998 年的奖金额是 44000 美元乘以 75%,即 33000 美元。该员工 1998 年的总收入即为 77000 美元,且必须从中支付税前医疗保险费用。[11]

计件工资制的建立，是为了让具有正常生产率的员工获得有竞争力的薪资。实际上，林肯电气公司员工的平均总收入一直高于克利夫兰的平均水平。奖金制度允许勤劳的员工获得等于或超出基本工资的奖金。奖金非常丰厚，以往工厂员工的年收入有时会超过100000美元！（这就是人人都想加入林肯电气公司的原因。）林肯电气公司的薪酬制度创造了《纽约时报》[12]所谓的"皇家蓝领"，即年收入超过100000美元的生产性员工。

林肯电气公司采用的计件工资制和奖金制度最显著的影响是产生了与美国的通行做法不一样的结果。人们开始相信，我们能够在整个国家范围内做得更好。麻省理工学院经济学教授、斯隆管理学院前任院长莱斯特·索洛⊖曾经论述美国人收入的急剧变化。具体而言，1973—1993年收入分配的急剧变化，以及1994年和1995年该趋势进一步加剧造成的潜在影响，促使他得出下述结论：

> 今年的劳动节，与往年的劳动节一样，多数劳动者没什么可值得庆祝的。全职男性员工的实际工资中位数从1973年的34048美元下降到了1993年的30407美元（根据1992年的美元核算）……
>
> 1973—1993年，实际人均GDP增长了29%，尽管潮水上涨

⊖ 莱斯特·索洛（Lester Thurow，1938—2016），美国政治经济学家，1987—1993年任斯隆管理学院院长。——译者注

了,但 80% 的船只沉没了。[13]

哈佛大学经济学教授、国家经济研究局㊀劳工经济学项目主任理查德·费里曼㊁引用了更多资料,证实美国普通员工的实际工资长期在下降。他发现,1973—1990 年的实际工资增长率为负数。[14]结论由"美国现时人口统计调查中普通员工汇报的小时工资除以消费者价格指数(CPI),以及美国全国雇主调查中雇主汇报的收入除以消费者价格指数,是使用最广泛的衡量实际工资的统计指标。"前述结论即根据该指标计算得出。

费里曼指出,根据第一项调查,美国男性员工的实际工资中位数下降了 13%。根据第二项调查,"不受政府监管的私营部门员工平均每周收入下降了 12%。"

给美国普通员工的工资中位数造成压力的因素(全球化和自动化),同样给林肯电气公司带来了压力,然而该公司的管理系统经受住了严峻考验,为其员工带来了更加公平的收入。林肯电气公司及其员工健康成长的同时,许多其他企业及其员工为了在新环境中有效开展竞争,不得不进行重组、裁员、优化规模等。

在裁员方面,林肯电气公司的做法不同于多数美国企业。1998 年的前 10 个月,美国企业共计裁员 52.3 万人,其中大部分

㊀ 国家经济研究局(National Bureau of Economic Research),美国的一家私人非营利研究机构,成立于 1929 年,以提供美国经济衰退的起止日期闻名。——译者注

㊁ 理查德·费里曼(Richard B. Freeman, 1943—),美国经济学家,主要研究劳动力市场。——译者注

是国内员工。尽管截至 1998 年的 10 月份，美国的失业率已经连续 16 个月低于 5%，但相比于 1997 年的前 10 个月，1998 年的裁员人数增加了 20 万。[15]

在同一篇论文中，斯坦福大学商学研究生院组织行为学教授杰弗瑞·菲佛㊀指出："有些企业急不可待地裁员，不允许员工多待 1 分钟。它们愿意长期持有产品存货，却不愿意储备人员。"[16]

菲佛把这种政策称为"即时雇佣"，类似于产品的即时库存系统。即时雇佣导致把人当作商品，这违反人的本性，并对遵循该政策的企业造成了负面影响。最明显的影响是，这些企业可能会发现掌握相关技能的人员并不是很容易获得。

与此形成鲜明对比的是，过去 60 多年里林肯电气公司从未解雇过任何一名员工。[17] 根据该公司发言人理查德·萨博的说法，结果是造就了"一支忠诚、技能高超且不需要监督的员工队伍。"[18]

林肯电气公司的例子有力地证明了，无须大规模技术重组和财务重组，真正扎根于企业管理系统中的人类价值观会带来敏捷与不断的适应。这就是敏捷组织的力量！此外，林肯电气公司的敏捷已经从制造职能扩展到服务和工程职能。

尽管计件工资制或许很难应用于某些服务型和知识型企业，但林肯电气公司在薪酬体系中奖金部分使用的绩效评分卡（或类似的绩效评分制度）在其他企业中得到了广泛应用。

㊀ 杰弗瑞·菲佛（Jeffrey Pfeffer，1946—），美国管理学家，以循证医学为参照提出循证管理。——译者注

奖励与赞誉系统的其他方面

在林肯电气公司，工作保障无疑是一项重要奖励。对于具备 3 年或 3 年以上经验的员工，公司保证他们每周的工作时间不少于 30 小时。作为回报，员工必须根据公司的需要加班，并且如果某位员工因工作需要被调到低薪岗位，他必须接受相应的薪酬调整。

林肯电气公司采用了许多方法来维持持续就业政策。该公司业务的周期性非常强，繁荣时期公司会优先通过加班来满足需求；萧条时期公司会暂停所有招聘，并全面削减工作时间。例如，1999 年 2 月林肯电气公司在克利夫兰没有招聘生产性员工。

在以往的经济萧条时期，林肯电气公司会对部分生产性员工加以培训，让他们面向小型企业营销和销售弧焊设备，这促进了一项利润丰厚的业务的发展。由于缺少相关从业规则，类似的交叉培训能够无拘无束地开展。

对奖励与赞誉系统的部分修正

1996 年，林肯电气公司聘请一家管理咨询公司审查其适用于按小时计酬和领薪的非生产性员工的绩效评分制度。管理顾问与那些曾经对绩效评分卡用来评估非生产性员工的方式表达过不满的员工举行焦点小组会议。这些员工认为，他们的职位结构没有得到恰当评估。结果，会议结束后，管理顾问向公司管理层建议改革绩效评分制度，但仅限于针对非生产性员工的部分。

1997年10月1日,该管理咨询公司推出一个名为"绩效开发系统(PDS)[19]"的新系统。正式引入之前,该公司对受该系统影响的员工进行了为期3个月的培训,包括按小时计酬和领薪的非生产性员工、这些员工的主管、林肯电气公司人力资源部门的员工。

新系统包括下列四个步骤:

1. 绩效规划;
2. 绩效辅导;
3. 中期评估;
4. 绩效评估与绩效评分。

这四步构成了一个控制论管理过程,用于规划、评估、开发林肯电气公司不直接从事生产的员工。这类员工包括销售部门、工程部门、人力资源部门、工厂维护部门以及后勤部门的人员。

图4-5直观地展示了绩效开发系统的控制论维度。绩效开发系统的起点是员工的绩效规划。每位主管都与每位员工分享整个企业的规划,因为其与员工的职能密切相关。继而,这就成为每位员工年度绩效规划过程的基础。主管与员工协商制定下一年度的绩效规划,但前者掌握最终的批准权。

在这一点上,按小时计酬员工的绩效规划与领薪员工的绩效规划不同。对于按小时计酬员工而言,绩效规划的重点是根据部门和公司的需要,确定对某个岗位的绩效至关重要的能力。所有员工都应具备的六项普遍能力是:

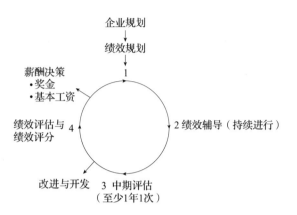

图 4-5 绩效开发系统

1. 领导能力/拥有感;
2. 决策能力/判断力;
3. 成果导向;
4. 团队合作/沟通能力;
5. 质量/客户导向;
6. 创新能力/创造力。

如果员工或主管认为其中某项能力不适于某个岗位,或认为该岗位需要其他能力,那么就会做出适当的调整。假设某个岗位要求员工具备其他能力,那么就需要确定特殊绩效预期(SPEs)。

对于领薪员工而言,每位主管都与其本人共同为所在岗位制定具体目标,确定所需的能力,从而为部门和公司战略目标的实现做出贡献。目标应该既具有挑战性,又有实现的可能,并且应该与每位员工进一步自我开发的具体步骤相结合。

目标应该是具体的(Specific)、可测量的(Measurable)、可实现的（Attainable）、相关的（Relevant）、有时限的（Time-based），共同组成了容易被记住的缩写 SMART。这五点规范都是不言自明的，需要注意的是，目标既可以是定量的也可以是定性的。

领薪员工的目标和能力一旦确定下来，就需要根据部门和公司的优先事项进行加权。领薪员工的目标和能力总点数必须达到 100 点。目标的点数必须介于 40～60 点之间，能力同样如此，任何一项能力都不应获得超过 20 点。

按小时计酬的员工只需要开发相应的能力，无须制定目标。如同领薪员工，按小时计酬员工的总点数必须达到 100 点，且任何一项能力都不应超过 30 点。

一旦绩效规划得以完成，绩效辅导就可以开始了。绩效辅导是一个贯穿全年的持续过程，为员工实现绩效目标提供帮助。在此过程中，员工会从主管那里得到反馈和赞誉，员工也可能会寻求主管的帮助，以消除实现目标过程中面临的障碍，工作进展和面临的障碍都会受到注意。这既是一个正式的审查程序，又是一个非正式的审查过程。员工被鼓励根据自身的绩效目标和任务，不断地自我评估一年内的工作进展情况。

绩效开发系统的第三步是中期评估。每位员工至少 1 年要与自己的主管面谈一次。面谈时，双方需要讨论员工的工作进展和年度绩效评估情况，以及未来如何进一步改善绩效、提高能力。

这就引出了绩效开发系统的最后一步——绩效评估与绩效评分。每位主管每年需要召开一次正式会议，讨论和评估员工在提高技能、自我开发方面取得的进展，当然，如果是领薪员工，还

包括其目标的实现情况,进而主管需要根据五项标准给员工评分:

标　准	绩效评分
1. 超出预期	1.2
2. 达到所有预期	1.0
3. 达到多数预期	0.8
4. 达到部分预期	0.6
5. 没有达到预期	0.2

接下来,用每项能力和目标(限于领薪员工)获得的点数乘以相应的绩效评分。每项能力和目标的点数通过合计得出,进而汇总为所有能力和目标的点数。总点数用于调整工资基数、薪资,并据以确定奖金。

不同于生产性员工的绩效评分制度,实行绩效开发系统的部门总点数可能并非每位员工平均100点。为了矫正这种状况,需要对总体绩效评分加以数学标准化,以实现绩效开发系统下每位员工平均获得100点。实际上,这导致绩效开发系统的点数转化为绩效点数,使生产性员工和非生产性员工处于平等位置,进而确定合适的奖金。

做出卓越贡献的非生产性员工有机会获得超过110点。超出110的点数会被计入部门总点数。与获得超过110点的生产性员工一样,非生产性员工获得超过110点需要得到上级管理者批准。

修正后的绩效规划、开发和评估系统的目标是使员工与公司的利益保持一致,从而为客户、员工和股东创造价值,并设法把公司的收益公平地分配给提供产出之人。

图4-6概述了1997年实施的绩效开发循环。

绩效开发系统概述	绩效规划 (1997.10—1998.09)	中期进展评估	绩效评估与绩效评分 (1997.10—1998.09)
	进行中的绩效辅导	→	绩效规划(1998.10—1999.09)
1997.06/07/08	1997.09/10	1998.04	1998.09/10

图4-6 绩效开发循环(1997年)

实行绩效工资制度遭遇的困难

现在,我们已经结束对林肯电气公司计件工资制和奖金制度的讨论。除了极少数人之外,林肯电气公司的奖金制度适用于所有员工,而计件工资制仅限于生产/业务类岗位。构成林肯电气公司奖励制度的计件工资和奖金都是绩效工资制度的具体例子,根据该制度,个人薪酬与其绩效直接挂钩。

人们已经认识到,除非得到企业管理系统中其他子系统的支持,否则这种绩效工资制度不能有效发挥作用。关于其他企业为什么避免采用本章描述的林肯电气公司的绩效工资制度,迈克尔·詹森⊖进行了深入分析,其核心观点是:

⊖ 迈克尔·詹森(Michael Jensen,1939—),美国经济学家,1990年获诺贝尔经济学奖。——译者注

尽管不是非常清晰，但各类组织避免采用强烈的经济激励制度的原因可以分为两类。员工与主管之间缺乏信任、讨厌冲突，共同导致组织避免采用基于主观绩效评估的绩效工资制度。与此类似，与确定和修改客观的绩效衡量相关的难题，以及面对这类衡量时机智员工做出的投机行为，致使组织避免采用基于客观绩效评估的绩效工资制度。两类原因导致薪酬制度似乎很少或完全不根据绩效付酬。[20]

正如我们所看到的，林肯电气公司的奖励制度包含主观和客观两个维度。鉴于迈克尔·詹森揭示的实际困难，那么林肯电气公司如何能够避免绩效工资制度导致的冲突和博弈呢？

在林肯电气公司，绩效工资是整体企业文化的构成部分，受到管理系统中其他子系统（如"门户开放政策"和咨询委员会等）的支持，此外，在奖金制度中的计件工资制和绩效衡量方面也已经付出了巨大努力。奖励制度已经构建了许多保障措施，以尽量减少迈克尔·詹森指出的困难，所以林肯电气公司并未出现迈克尔·詹森所谓"缺乏信任"的情形，并且计件工资制和奖金制度导致的任何冲突都能够通过林肯电气公司的协调与整合系统解决。

然而，迈克尔·詹森对绩效工资制度的批评是中肯的，只有拥有高度信任的文化价值观和一套相辅相成管理系统（包括平等主义的管理风格）的企业，才能使绩效工资制度的潜在问题最小化，并获得巨大的激励收益。林肯电气公司就是这样的一家企业，本书后文介绍的另外两家企业同样如此，第 10 章、第 11 章将会详细描述其文化价值观和管理系统。

注 释

1. Kenneth Chilton,"Lincoln Electric's Incentive System: Can It Be Transferred Overseas?" *Compensation and Benefits Review* (November-December 1993): 22. 作者通过与林肯电气公司一位高管的谈话得知,现在采用计件工资制的生产性员工比例低于 1993 年。
2. Carolyn Wiley,"Incentive Plan Pushes Production," *Personnel Journal* (August 1993): 89。
3. 鉴于美国经济中服务部门的增长,这一点非常重要。相比于林肯电气公司以及类似的企业,尽管其他企业对这四项标准的应用可能更加主观,但仍可能广泛采用。
4. 下文的描述基于 Carolyn Wiley,"Incentive Plan Pushes Production," *Personnel Journal* (August 1993): 86–91,并根据 Richard Sabo 的评论作了修正。
5. Kenneth Chilton,"Lincoln Electric's Incentive System: Can It Be Transferred Overseas?" *Compensation and Benefits Review* (November-December 1993): 23。
6. 出处同上。
7. 计件工资制的潜在危险是可能会对质量、合作与创新产生消极影响。质量、建议与合作两项标准对计件工资制会产生潜在的负面激励。
8. Chilton, p. 23。
9. 出处同上。
10. 最近公司董事会改变了用来决定奖金总额的机制。现在奖金总额由每年年初确立的一套公式来决定,该公式把奖金总额的规模与企业的总体利润率(由息税前利润进行界定)联系起来。这就消除了任何意外情况并减少了潜在的冲突。
11. 要求员工用奖金支付医疗保险会促使他们明智地选择医疗保险种类。由于医疗保险成本在美国员工的附加福利中占比非常大,所以该策略作为一种控制成本和质量的措施具有十分重要的意义。需要注意的是，上述例子中所说的奖金所占的比值是"总奖金比值"，包含了医疗保险费的拨备。在关于奖金所占比值的其他引述中，我使用了扣除医疗保险费后的"净奖金比值"。

12. *New York Times*（Sunday, March 22, 1998）：Sec. 3, p. 1。
13. Lester C. Thurow, "Companies Merge; Families Break Up," *New York Times* (Sunday, September 3, 1995)：Sec. 4, p. 11, Late Edition.
14. Richard B. Freeman, "Towards an Apartheid Economy?" *Harvard Business Review* (September-October, 1996)：116.
15. "Downsizing Is Common Plan That May Not Work," *The Plain Dealer*, Sunday edition, Cleveland, OH, December 20, 1998. The data in the article are taken from those produced by the outplacement firm of Challenger, Gray & Christmas, located in Chicago, 该公司从事新职介绍业务，一直紧密追踪美国劳动力的减少状况。
16. 出处同上。
17. 出处同上。
18. 出处同上。
19. 本节对绩效开发系统（PDS）的论述基于林肯电气公司人力资源部为作者撰写本书提供的资料。
20. Michael C. Jensen, *Foundations of Organizational Strategy* (Cambridge, MA：Harvard University Press, 1998), 208.

第5章 规划、资源分配与汇报

　　林肯电气公司强大的产品技术规划和营销调动了正式规划、资源分配与汇报流程中涉及的众多要素。受过技术培训的销售工程师可以帮助客户了解和使用林肯电气公司的产品，执行公司的营销计划，进而降低客户的运营成本，这是该公司"确保削减成本计划"的一个重要方面。该计划是林肯电气公司试图通过调整产品和服务以满足客户特殊需求并使其受益的又一个例子。高度重视帮助客户解决实际难题是公司业务得以持续扩张、快速适应新形势的主要原因之一。

　　从历史上看，林肯电气公司往往通过提高生产率来削减成本，通过改进技能和创新来提高产品质量。削减成本、提高质量、创新共同导致价格下降，进而增加了对产品的需求。林肯电气公司采用的市场战略是一种生产率—成本—质量—创新相辅相成的战略，专注于客户需求和市场扩张。

　　林肯电气公司对客户的高度重视导致了对生产流程和其他

内部业务流程的极大关注。首先，采用旨在加强生产规划和控制生产过程中货物和材料流动的 Rhythm 软件简化流程。其次，采用得到授权的跨职能团队进行产品规划、开发、营销以及定期的产品和市场评估。这些团队致力于放弃不再富有成效的产品和市场的同时，尽力满足或超出客户的预期。[1]再次，在生产率、质量、创新等方面采用严格的问责标准，促使员工关注客户利益。

适用于组织内所有岗位的正式测量过程紧接着强化了问责。表 5-1 概述了正式规划、资源分配与汇报流程中的所有要素。表 5-2 概述了非正式规划、资源分配与汇报流程中的所有要素。所有这些要素都旨在满足客户需求。

表 5-1　正式规划、资源分配与汇报流程

运　营
● 强大的产品和技术研发——行业领导者
● 强大的市场营销——使用受过技术培训的员工从事销售并接打服务电话
● 工厂采用新的计算机 Rhythm 软件来安排生产工作
● 高度重视流程控制
规划、资源分配与汇报流程
● 区域国际总裁参与的分权计划和预算过程
● 根据生产率的提高和成本的削减情况定价
● 为客户提供"确保削减成本计划"
● 定期的产品和市场评估
● 为了给 1989—1993 年的海外扩张提供资金，通过使用留存收益为增长提供内部融资的方式让位给了外债和股本融资

(续)

评估与奖励流程
• 根据员工在可靠、产出、质量（符合 ISO9000 质量标准）、创新、建议与合作方面的表现，主管设计并保持详细的绩效记录
• 非生产性员工采用绩效工资制度

表5-2　非正式规划、资源分配与汇报流程

运营
• 研发、工程、采购、制造紧密合作以实现创新——常常采用跨职能团队。每个分公司的工程师都深入工厂车间，定期与生产性员工交流
规划、资源分配与汇报流程
• 员工获得高度授权
• 参与解决国内业务中的难题
• 适应多变形势的灵活性，包括海外扩张、经济衰退、产品更新等方面遭遇的难题
• 监督与辅导——管理过程中不需要严密监控
• 危机时期的灵活性： 　–国内员工甘愿放弃节假日和休假协助公司渡过难关 　–劳资双方密切合作
• 海外运营更为正式，但仍存在一定程度的非正式规划和汇报流程。最近开展的海外收购行动使得公司海外市场的总数回升至 15 个国家
评估和奖励流程
• 员工甘愿放弃部分奖金来弥补海外业务的损失

林肯电气在定价方面的做法，清楚地表明了该公司强烈的客户导向。在 1933—1973 年，该公司产品的名义美元价格非常稳定。然而由于通货膨胀，1973 年林肯电气公司原材料的价格经历

了高达两位数的上涨,于是不得不把产品价格提高 3.5% ~ 4.5%。尽管如此,林肯电气公司仍然是行业内的低成本生产商。

尽管林肯电气公司明确以客户为导向,但以前缺乏完善的战略规划或资源分配流程。战略规划的责任由副总裁一级承担,1986—1993 年期间开展的海外收购等战略决策,都建立在临时的、机会主义的基础上。现如今,更正式的战略规划、资源分配、预算过程、汇报流程已经就位(见表 5-2)。

以前林肯电气公司制定战略决策的过程如下:尽管任何领导者都可以提出潜在的收购建议,但只有副总裁有权考虑收购的实际可能性,进而向董事长和总裁提交相关报告。

缺乏正式的战略规划和资源分配流程,这种状况渗透到各个管理层,致使其被运营管理层"占有",阻碍了财务资源的有效配置。然而,正如我们在上一章所看到的,现如今林肯电气公司采用正式的战略和业务规划流程、非正式的战略和业务规划流程来驱动其绩效开发系统。

以往,尽管林肯电气公司的正式规划和资源分配流程存在许多缺陷,但该公司运用其非正式过程成功地避免并解决了许多严重的问题。例如,通过自愿放弃节假日并同意削减年度绩效奖金,林肯电气的国内员工帮助公司走出了跨国扩张初期遭遇的财务困境。"为了实现生产和运输目标,关键员工在 7 月 4 日 ⊖ 和劳动节周末放弃了总共 614 周的假期,"[2] 从而帮助公司弥补了在

⊖ 7 月 4 日是美国的独立纪念日,全国放假 1 天。——译者注

1992—1993年的海外扩张中遭受的损失。这是林肯电气公司104年的历史上首次出现亏损。

林肯电气公司为了公平地对待在美国的员工和股东，1994年初最高管理层同意放弃在巴西、德国、委内瑞拉与日本的业务，开启了海外业务合理化的进程，使得该公司及其海外业务恢复了盈利。

1992年，林肯电气公司在美国的利润是2490万美元，尽管海外业务的销售额仅占该公司总销售额的39%，却还是亏损了6000多万美元。1993年，林肯电气公司在美国的利润是4260万美元，尽管海外业务的销售额占该公司总销售额的37%，却亏损超过9100万美元。[3]

1994年林肯电气公司的海外业务开始盈利，利润额仅占公司总利润的11%，而海外业务的销售额占总销售额的25%。尽管如此，毕竟形势已经逆转。1995年，海外业务的销售额占总销售额的26%，利润占总利润的20%。1996年该公司海外业务的销售额和利润各占的比例与1995年基本相同。1997年，由于不利的汇率波动，海外业务的销售额占总销售额的26%，利润仅占总利润的17%。1998年，美国业务的销售额占总销售额的75%，然而其利润占总利润的85%。

林肯电气公司面临的多数风险仍来自海外业务。该公司海外业务的现状是风险较高、回报一般。尽管如此，海外市场销售额的增长速度要高于美国市场，所以公司最高管理层决定继续扩大海外业务，但当前对海外业务的选择更加谨慎，决策过程也更加理性。

林肯电气公司在印度尼西亚雅加达参与建设了一家大型合资工厂，该工厂于 1998 年建成投产。该公司目前在新加坡开设了办事处，以服务和管理亚洲各国的业务。1999 年，该公司在菲律宾开设的一家工厂建成投产。最近，林肯电气公司还收购了一家意大利企业——电子焊接系统公司（EWS），该公司制造的焊机要比传统机器更小。[4]

林肯电气公司俄亥俄分公司的生产性员工普遍认为，海外业务风险很高，但利润仍然不高。亚洲和拉美国家政治局势的不稳定对货币价值和市场造成了严重干扰，由于整个企业的财务是相互关联的，所以这种状况也影响到员工从奖金计划中获得的收入。

俄亥俄分公司的员工意识到海外业务正在"蚕食"他们的奖金，所以生产性员工之间的相互信任正遭到侵蚀，而信任恰恰是林肯电气公司的管理系统得以卓有成效的核心所在。因此，林肯电气公司必须保持高度警惕，慎重推进海外业务。

林肯电气公司继续在美国国内外拓展业务。海外业务持续扩张的一个关键原因是最大的几家客户（卡特彼勒公司⊖和通用汽车公司）都在开展跨国经营。尽管如此，现在林肯电气公司的海外扩张计划要谨慎得多，以便开发世界上对林肯电气公司的产品存在大量需求的增长市场。现如今林肯电气公司的目标是未来 5

⊖ 卡特彼勒公司（Caterpillar），美国重型工业设备制造企业，成立于 1925 年，主要产品包括农业、建筑及采矿等工程机械、柴油、天然气、燃气涡轮等各类发动机。——译者注

年销售额年增长率达到10%，如果目标实现，那么到2002年该公司的总销售额将达到15亿美元。[5]

最后，对客户和员工而言，立足于长期利益的举措非常重要，这些举措也支持林肯电气公司的规划、资源分配和汇报流程。这在美国的多数上市公司中并不常见，因为美国企业的管理层不断受到投资者的压力，要求他们创造出持续不断的、良好的、短期的收益与增长。

通常，两者往往相互冲突——有利于长期利益往往会损害短期绩效。由于林肯电气公司秉持特殊的文化价值观，以及"林肯家族"牢牢持有股份，所以能够从长远观点出发看待问题。图5-1展示了1968—1998年的31年里该公司股东的平均股本回报率。在此期间，加权的平均股本回报率始终是正值（只有两年除外）。

在31年里，加权的股本回报率平均为13%。1992年和1993年，该公司对海外业务进行了重组，如果我们去掉这两年的股本回报率，会发现28年内股本回报率的平均值上升到16%。这与金属加工、机械与设备行业（标准产业分类代码为3540）的其他企业相比已经非常突出。例如，1993—1997年整个行业的平均股本回报率仅为7.2%，同时期林肯电气公司的股本回报率为22.7%，这清楚表明林肯电气公司给股东带来了异常丰厚的回报。

图5-2显示了1974—1998年林肯电气公司股票的股息率[一]。

[一] 股息率（dividend yield），股息与股票买入价之间的比率，是衡量企业是否具有投资价值的重要指标。——译者注

图 5-3 显示了 1974—1978 年[1]林肯电气公司的股息增长率。最后,图 5-4 概述了 1974—1998 年该公司股东获得的总股利率[2]。1974—1998 年林肯电气公司的年平均回报率为 16%,其中 1994—1998 年年平均回报率为 39%,反映了海外业务重组产生的成果。经股票分拆调整后的林肯电气公司的历史股价数据,详见表 5-3。

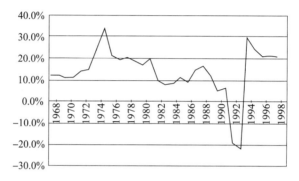

图 5-1　1968—1998 年林肯电气公司的股本回报率

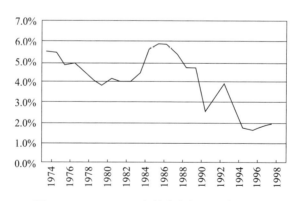

图 5-2　1974—1998 年林肯电气公司的股息率

---

[1] 根据图 5-3 所示,应为 1974—1998 年。——译者注
[2] 总股利率(total yield),股息率加回购占公司发行股份数量的比率。——译者注

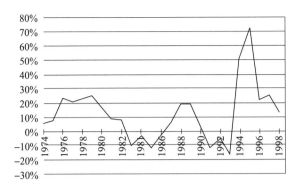

图 5-3　1974—1998 年林肯电气公司股息增长率

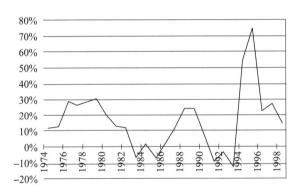

图 5-4　1974—1998 年林肯电气公司股东获得的总股利率

表 5-3　林肯电气公司的历史股价数据

	股价 （经重列）	分拆	原始 股息	股息 （经重列）	股息 （经重列）	股息率	股息 增长率	总股利率
1965	n/a		$2.90					
1966	n/a		$3.20					
1967	n/a		$3.10					
1968	n/a		$3.30					
1969	n/a		$3.50					
1970	n/a		$3.50					

（续）

	股价 （经重列）	分拆	原始 股息	股息 （经重列）	股息 （经重列）	股息率	股息增长率	总股利率
1971	n/a		$3.50					
1972	n/a		$3.50					
1973	$65.00		$3.64			6%		
1974	$69.00		$3.75			5%	6%	12%
1975	$74.50		$4.00			5%	8%	13%
1976	$92.00		$4.40			5%	23%	28%
1977	$111.50		$5.45			5%	21%	26%
1978	$137.50		$6.30			5%	23%	28%
1979	$172.50		$7.00			4%	25%	30%
1980	$200.00		$7.60			4%	16%	20%
1981	$217.50		$8.90			4%	9%	13%
1982	$235.00		$9.30			4%	8%	12%
1983	$211.00		$8.40			4%	-10%	-6%
1984	$205.00		$9.00			4%	-3%	2%
1985	$180.00		$10.00			6%	-12%	-7%
1986	$174.00		$10.20	$1.08		6%	-3%	3%
1987	$185.00		$10.80	$1.17		6%	6%	12%
1988	$220.00		$11.65	$1.20		5%	19%	24%
1989	$262.50		$12.20	$1.26		5%	19%	24%
1990	$270.00		$12.60	$1.26		5%	3%	8%
1991	$237.50		$6.05	$0.61	$0.30	3%	-12%	-9%
1992	$222.50		$7.20	$0.72	$0.36	3%	-6%	-3%
1993	$186.13	6月 1993-10=1	$7.20	$0.72	$0.36	4%	-16%	-12%
1994	$281.25		$7.60	$0.76	$0.38	3%	51%	54%
1995	$485.00	6月 1995-2-1	$8.40	$0.84	$0.42	2%	72%	74%
1996	$590.00		$9.60	$0.96	$0.48	2%	22%	23%
1997	$738.80		$13.00	$1.30	$0.65	2%	25%	27%
1998	$832.40	6月 1998-2-1	$16.00	$1.60	$0.40	2%	13%	15%

注　释

1. 林肯电气公司已经把抛弃不再有利可图、不再富有成效的产品和市场的过程制度化。"抛弃决策"是组织中最难以做出和执行的决策之一，然而林肯电气公司似乎以一种非常自然的方式实现了这一点，这再次证明了其管理系统的敏捷。
2. Kenneth Chilton, "Lincoln Electric's Incentive System：Can It Be Transferred Overseas?" *Compensation and Benefits Review*（November-December 1994）：33。
3. 有关国内外的销售额和利润数据，出自林肯电气公司的年度报告和10K报表。
4. *The Plain Dealer*（Sunday edition，Clevdeland，OH，September 29，1996）。
5. 出处同上。

第6章 林肯电气：
敏捷与适应

我们已经详细回顾了林肯电气公司正式和非正式管理系统中的每个子系统。图6-1和图6-2分别复制于图2-1和图2-2，但包含了该公司正式和非正式管理系统的主要内容。

图6-1和图6-2还揭示了构成林肯电气公司正式和非正式管理系统中5个子系统之间的相互关系。每个子系统都遵循组织的价值观和管理风格，且彼此相辅相成，正式管理系统支持非正式管理系统，从而提高效率、改善绩效。

一般而言，正式和非正式管理系统是否能够改善绩效，取决于这两套系统是否符合公司所处的现实宏观环境和行业特殊环境。这就是我们下面要阐述的议题。

林肯电气公司的敏捷与适应

管理系统可谓一个组织的"摇篮"，或者说管理系统支持组织的基本管理过程。管理者经由管理过程发挥作用，以获取、分配并消耗人财物资源。在此过程中，管理者对特殊的商业环境和企业所处的一般经济、政治、社会环境做出反应，并采取主动行动。本章将使用敏捷管理模型来概括林肯电气公司的管理过程，详见图6-3。[1]

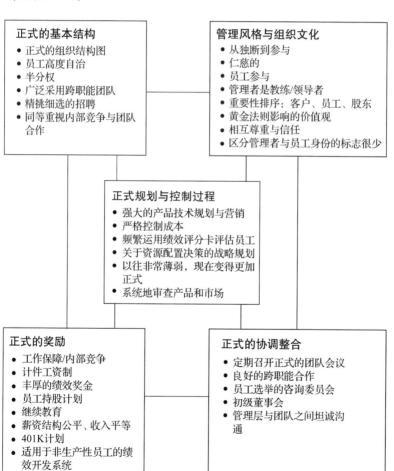

图6-1　林肯电气公司的正式管理系统

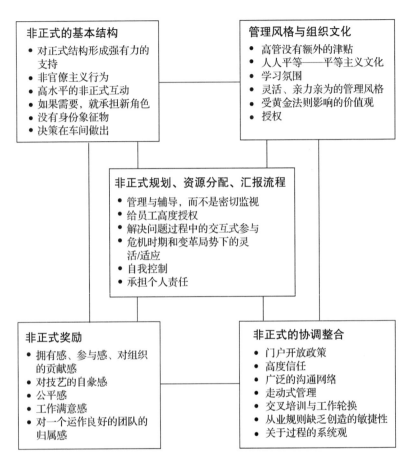

图6-2 林肯电气公司的非正式管理系统

该模型的每个部分都根据其对公司的影响加以描述。林肯电气公司的管理过程强调满足或超出客户的需求。客户满意是通过应用一套管理系统来实现的,该系统寻求充分利用人性中的某些方面,这些方面能够促使员工产生最大的工作动力,并带来高水平的生产率、质量、创新与客户满意度。本部分我们主要关注林

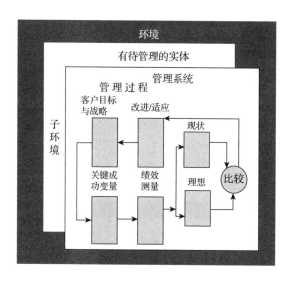

图6-3 林肯电气公司的敏捷管理模型

肯电气公司管理系统在该过程中协助管理者的方式。图6-3的中间部分大致展现了该过程,图6-5和6-6进行了更为详细的展示。

林肯电气公司所处的宏观环境[2]

图6-4展现了林肯电气公司所处的宏观环境。该公司是全球焊接产品、电动机、环境系统市场的主要参与者,是弧焊产品的世界级制造商,也是高级电动机、机器人焊接系统、环境系统、等离子和氧燃料切割设备的主要生产商。

如前所述,林肯电气公司一方面继续加强北美业务,另一方面也认识到国际市场,尤其在亚洲、拉美、东欧的发展中国家市场存在难得的增长机会。美国国内的主要客户正在不断进行海外扩张，林肯电气公司致力于成为其国际供应商。

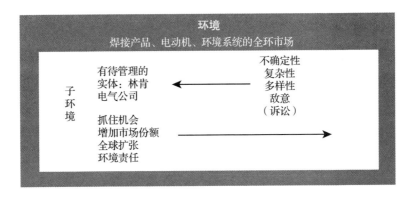

图6-4 林肯电气公司所处的宏观环境

林肯电气公司所处环境的不确定性来自行业因素，包括主要客户业务的周期性，传统上使用钢材、焊接设备以及消耗品的产品和建筑物中，金属被塑料和混凝土替代。此外，许多国内钢铁生产商正在把生产设施转移到海外，不确定性还来自海外经营面临的汇率风险和政治风险。由于林肯电气公司的管理层试图应对管理一家全球企业的挑战，所以面临的环境具有复杂性。当前林肯电气公司在15个国家拥有制造业务，销售和分销网络覆盖160个国家。[3]

在美国国内非常成功的管理系统设法适应海外业务的同时，林肯电气公司面临的环境表现出高度的多样性。最后，林肯电气公司目前面临的敌意来自于1994年加州北岭地震⊖在洛杉矶地区

⊖ 北岭地震，1994年1月17日发生于加州北岭地区的6.7级地震，造成巨大破坏。——译者注

引起的诉讼。1500栋建筑的业主提起了集体诉讼，指控被破坏的建筑中使用的林肯电气公司以及其他公司生产的E70T-4焊条存在缺陷。这起诉讼的涉案金额超过10亿美元。林肯电气公司认为上述指控毫无根据，因为E70T-4焊条在北岭地震以及世界其他地区更严重的地震中表现良好，而且E70T-4焊条符合1994年地震时洛杉矶地区的建筑规范。最近，加州高等法院㊀已经把这起涉案金额超过10亿美元的集体诉讼驳回。4

权变理论对管理系统设计的影响

有关权变理论㊁以及管理实践的著作往往建议，应该调整管理系统（包括组织结构和管理过程）的设计，以适应所处环境中的各种突发事件，提高成功的概率。5 组织的管理系统与其所处的环境协调一致，取得成功的可能性就更大。具体而言，在高度不确定、复杂且动态的环境中，有机的或非正式的组织结构和管理过程往往要比机械的结构和过程更有成效。6 这是因为不确定、复杂且动态的环境增加了对快速处理信息的需求，显然组织内部的非正式协调与整合机制更加适合执行该任务。我们在前面的章节

㊀ 美国加州每个县设有一所高等法院（Superior courts），共计58所高等法院，负责审理和判决非明确指定由其他法院或政府机构审理的民事和刑事案件。——译者注

㊁ 权变理论（contingency theory），管理学理论流派，认为管理者在实践中的行为取决于既定的一组情境，主张"如果……那么……"的函数关系，代表人物弗雷德·卢桑斯（Fred Luthans, 1939— ）。——译者注

中已经指出，林肯电气公司的管理系统兼顾了所需的非正式要素。

子环境：产品、市场与技术

林肯电气公司是焊接行业的领先企业，面临其他三四家企业的竞争，外加大量小规模的利基^㊀竞争者。在美国国内，焊机市场的主要竞争对手是威斯康星州的米勒电气公司^㊁。

除了美国国内的竞争对手，林肯电气公司还在全球范围内与瑞典大型企业伊萨公司^㊂展开竞争。伊萨公司创立于1906年，员工超过7600人，规模略大于林肯电气公司，与林肯电气公司在所有市场都存在竞争。伊萨公司的产品包括焊接机器、水下自动焊接机械、电线、电焊条、钎焊剂等，该公司还建造了专门制造电焊条的交钥匙工厂^㊃。[7] 在焊接和气割市场上排第二位的跨国竞争对手是法国的液化空气公司^㊄。

㊀ 利基（Niche），意译为"壁龛"，接近见缝插针的意思。——译者注

㊁ 米勒电气公司（Miller Electric），美国焊接设备制造商，创立于1929年。——译者注

㊂ 伊萨公司（ESAB），瑞典企业，由奥斯卡·凯尔伯格（Oscar Kjellberg, 1870—1931）创立。——译者注

㊃ 交钥匙工厂（turnkey plants），一种国际商务方式，跨国公司为东道国建造工厂，建造工程完成并初步操作顺利运转后，将该工厂所有权和管理权的"钥匙"依合同完整地"交"给对方，由对方开始经营。——译者注

㊄ 液化空气公司（L'Air Liquide），法国企业集团，创立于1902年。——译者注

企业在电弧焊接市场上的竞争力取决于价格（成本）、品牌、性能、质量、维修、服务与技术支持，因此，林肯电气公司大力推动研发、技术性销售与服务以满足客户需求。

尽管目前林肯电气公司尚没有关于全球市场份额的数据，但管理层认为该公司在美国焊接消耗品市场占据42%的份额。据林肯电气公司管理层估计，美国焊接消耗品的市场规模为每年7.5亿美元。

林肯电气公司还生产各种各样的电弧焊机，美国电弧焊机的市场规模大约为每年6.2亿美元。目前该公司尚没有关于市场份额的准确估计，但管理层认为自己是美国电弧焊机的一流生产商。1998年，林肯电气公司93%的收入来自电弧焊接业务，其余7%的收入来自电动机业务。1999年5月28日，林肯电气公司把电动机业务出售给雷加尔·贝洛伊特有限公司㊀，所以现如今该公司的全部收入都来自电弧焊接业务。[8]

电弧焊接技术是利用焊机产生电弧把消耗性电焊条转化为熔敷沉积物，从而把金属连接在一起。焊接过程通常包括金属切割，所以林肯电气公司也生产各种金属切割刀具。该公司生产的焊接设备包括电源、焊机及其他焊接设备。自动化焊接设备用于轻工业、维护和大规模生产的焊接环境。最后一种环境中企业往往会使用林肯电气公司生产的机器人焊接系统。林肯电气公司的产品广泛应用于汽车制造、轮船制造、轨道车辆制造、管道拼

㊀ 雷加尔·贝洛伊特有限公司（Regat Beloit, Inc.），美国电动机制造企业，创立于1955年。——译者注

接、建筑施工等领域。小型便携式焊机也可以通过沃尔玛公司（山姆会员）、西尔斯公司五金部门、洛伊斯公司㊀、家得宝公司㊁的"自己动手干"（DIY）市场买到。

电焊行业存在周期性，与汽车、重工业、农业设备、商业建筑等主要耐用品的生产和销售相互关联。在上升周期，林肯电气公司的销售和利润获得两位数的增长率也并不罕见，但在下降周期，增长率甚至会成为负数。1990—1995年的5年时间内，根据名义美元计算，林肯电气公司在美国市场的年平均增长率约为3.4%，按实际美元计算几乎没有增长。

尽管林肯电气公司已经发展为跨国弧焊设备分销商，并在加拿大、澳大利亚、法国制造电焊条和设备，但该行业市场的性质（周期性和替代性）促使它在20世纪80年代末开启了雄心勃勃的海外收购计划。

林肯电气公司在欧洲和拉美国家收购了9家工厂，并先后在日本和委内瑞拉建设了2家工厂。1996年该公司32%的销售（包括从美国出口的产品）面向海外客户，从美国出口的销售占该公司全部面向海外客户销售额的16%，占总销售额的5%，然而该年度大约80%的营收来自美国国内业务。

林肯电气公司的电动机业务也在持续发展。1992年，该公司

㊀ 洛伊斯公司（Loews），美国企业集团，始于1946年，业务涉及保险、钟表、烟草、石油等。——译者注

㊁ 家得宝公司（Home Depot），美国家庭装饰品与建材零售商，创立于1978年。——译者注

收购了通用汽车公司德尔科事业部[○]的电动机业务部门,从而增强了其在工业电动机市场的实力。电动机业务被出售之前,林肯电气公司持续致力于设计、制造并在市场上销售各种工业用途的电动机,该公司生产的铝壳电动机功率范围从三分之一马力到250马力,而铸铁电动机的功率范围从250马力到1250马力不等。

子环境:竞争

林肯电气公司是世界上少数几家基础深厚的弧焊设备和消耗品供应商之一,每项业务都与其他多产品线的生产商、专业利基市场企业存在竞争,同时也面临从海外市场低成本进口商品类电焊条的企业的激烈竞争。1997—1999年的强势美元进一步提高了进口产品对美国客户的吸引力。美国的钢铁生产商往往并非弧焊消耗品业务方面的竞争对手,然而日本的综合性钢铁生产商确实也生产弧焊消耗品,在美国国内外市场上与林肯电气公司存在竞争。全球钢铁行业向来是一个真正巨大的潜在竞争威胁。

林肯电气公司认为,全球焊接设备和消耗品市场的规模每年超过80亿美元,其中美国、日本、西欧国家占全部市场的45%,发展中国家存在重大机遇。例如,中国当前的焊接市场规模接近

○ 德尔科事业部(Delco Division),隶属通用汽车公司,负责汽车电子设备的设计和制造,发明了第一款实用的汽车自动启动器。——译者注

美国市场。此外,发展中国家需要大规模建设基础设施,对焊接设备和技术具有大量现实的和潜在的需求。

林肯电气公司的电动机部门在规模达 13 亿美元的美国电动机市场上参与竞争,整个市场正在迅速适应美国 1997 年年底生效的燃油效率新规。该行业的各家企业被要求彻底重新设计相关产品,以满足强制性的效率规定。工业电动机的市场竞争非常激烈。在美国国内市场上,林肯电气公司与其他 9 家企业展开竞争,其中 4 家(保德公司㊀、艾默生电气公司、通用电气公司、瑞恩电气公司㊁)占据了 60% 的份额,剩余的 40% 份额由 6 家企业瓜分,林肯电气公司位列其中。显然,林肯电气公司在电动机市场上是一家相对弱势的竞争者,在该行业的未来并不看好,所以公司出售电动机业务是有道理的。

林肯电气公司面向客户的管理过程

图 6-5 简要地展示了一个控制论管理过程。林肯电气公司为每个利益相关方都制定了目标与战略,以便为他们提供诱因,鼓励其为公司的生存和发展做贡献。林肯电气公司的管理系统旨在提供必要的信息、沟通与支持来加强这些诱因。

㊀ 保德公司(Baldor),美国电动机和发电机企业,创立于 1920 年。——译者注

㊁ 瑞恩电气公司(Reliance Electric),美国电动机制造企业,创立于 1905 年。——译者注

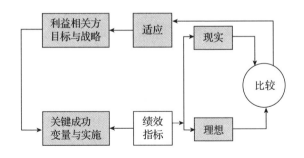

图 6-5　控制论管理过程

一旦某个利益相关方的目标与战略得以确定，企业就可以据此确定关键成功变量，接着会尝试设计绩效指标来衡量每个关键成功变量的绩效，然后企业会继续收集每个绩效指标衡量的现状信息，并将其与该公司预期的理想状态进行比较。如果比较的结果令人满意，那么代表一切顺利；如果比较的结果不理想，那么管理层就会运用在战略上或操作上具有适应性的管理系统加以干预。对各利益相关方而言，该控制论过程都在永无止境地循环。

图 6-6 将图 6-5 每个方框的内容予以细化，具体展示了林肯电气公司通过提高员工绩效来满足客户需求的综合控制论管理过程。遵循卡普兰⊖和诺顿⊜提出的模式，图 6-5 可以被视为满足某个或所有利益相关方需求的内部管理过程。9

⊖ 卡普兰（Robert S. Kaplan，1940—），美国管理学家，1977—1983 年任哈佛商学院院长，1992 年与诺顿在《哈佛商业评论》杂志共同提出"平衡记分卡"。——译者注

⊜ 诺顿（David P. Norton，1941—），美国管理顾问，创立了数家管理咨询公司，1992 年与卡普兰在《哈佛商业评论》杂志共同提出"平衡记分卡"。——译者注

分析综合控制论管理过程的每个变量

图 6-5 和图 6-6 中的每个变量都有精确的意义。图 6-6 包含了大量有关林肯电气公司面向客户需求的综合控制论管理过程信息，涉及多个变量，本章后续将会逐一详细解释每个变量。[10] 图 6-7 至图 6-13 直观地展示了模型中每个变量的内在逻辑。

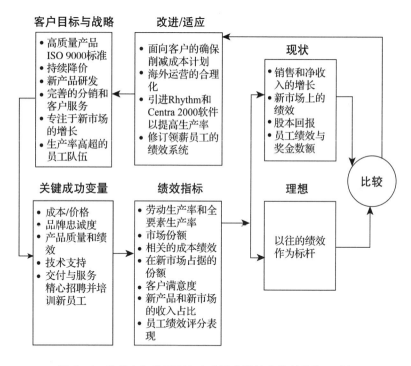

图 6-6　林肯电气公司面向客户需求的综合控制论管理过程

图 6-7 概括了林肯电气公司为实现或超出客户期望的目标所采取的战略。鉴于满足客户的期望极其重要，下文我们将详细描述每种战略。由于面向每个利益相关方的目标与战略推动着整个

管理过程,所以控制论管理过程表明了详细制定目标和战略的重要性。目标出现错误将会影响所涉利益相关方的整个管理过程。

```
                            客户目标与战略
我们要满足谁的利益?      • 高质量产品ISO 9000标准
                        • 持续降价
                        • 新产品研发
我们如何才能满足该利益?  • 完善的分销和客户服务
                        • 专注于新市场的增长
                        • 生产率高超的员工队伍
```

图 6-7　客户目标与战略

林肯电气公司的营销战略

符合 ISO 9000 标准的高质量产品

实施该战略始于高度的垂直整合,这意味着林肯电气公司控制产品中所有零部件的质量,全部消耗品和机器设备都符合 ISO9002 标准。

通过让每位员工对自己生产的产品质量负责,林肯电气公司持续实施该战略。这种责任是通过绩效追踪来落实的,能够从缺陷产品追踪到特定工厂和特定员工。

新产品研发

林肯电气公司电焊条事业部设有研发部门,由 57 名工程师组成,负责持续改进焊接技术。这有助于林肯电气公司不断创新,从而降低成本,为客户面临的难题以及与高难度焊接操作有关的焊接难题（例如核潜艇、石油和天然气管道、近海钻井平台等相关设备）提供增值性的、新颖的解决方案。

完善的分销和客户服务

林肯电气公司自认为拥有美国国内最完善的焊接产品分销网络，旗下设有 950 家焊接产品分销商、6 家国际区域分销中心，分布于美国和世界上具有战略意义的地区，因此林肯电气公司的标准化产品能够在两天内送达 95% 的客户。此外该公司在加拿大设有两家分销中心，与美国的分销中心整合在一起。尽管林肯电气公司 1992 年开始重组海外业务，但仍旧保持着强大的海外分销能力。通过旗下各海外分公司和国内业务部门，林肯电气公司拥有超过 1200 家海外分销商。

大批受过技术训练的销售人员

林肯电气公司的销售队伍由掌握丰富焊接知识的工程师构成，他们在研发部门的支持下为客户提供低成本的问题解决方案。大约 260 名训练有素的人员构成了公司的销售队伍，分布在美国各地的 34 家地区办事处。每位销售人员都可以在分销商和客户面前进行焊接演示，示范如何使用该公司的设备来解决焊接问题。林肯电气公司运用这种能力来实施其"确保削减成本计划"，进而通过该计划与客户和分销商保持密切联系，满足客户的需求。由于分销商能够得到该公司训练有素的销售队伍的支持，因此非常乐意经营林肯电气公司的产品。

林肯电气公司的海外业务也配备有同样数量的销售人员，

260名人员中有一半来自海外各分公司。林肯电气公司在17个国家设有20家销售办事处，此外，该公司在超过85个国家（主要是那些没有开设海外分公司的国家）备有销售队伍。

生产率高超的员工队伍

整套管理系统缔造了一支得到高度授权的员工队伍，使得林肯电气公司能够为了客户、员工和股东的利益去挖掘员工的最大潜能。强有力的激励管理系统进一步激发了员工的积极性。广泛交叉使用员工以及鼓励提出削减成本改进业务的建议，是执行员工队伍战略的另一个维度。林肯电气公司每年2%的缺勤率和4%的流动率令人羡慕不已，证明该公司拥有一支高度积极、忠诚和富有成效的员工队伍，也说明了其管理系统的卓有成效。

专注于新市场的增长

林肯电气公司的部分增长战略聚焦于存在大量基础设施需求的发展中国家，主要分布于中欧、拉美和亚洲。该公司对欧洲业务的整合，将为进军中欧国家提供跳板。尽管林肯电气公司在巴西设立了一个销售办事处，但仍然利用在北美（美国、加拿大和墨西哥）的工厂作为进军拉美国家的主要基地。此外，林肯电气公司计划利用设在澳大利亚的工厂增加对东南亚国家的出口。

在某些国家，林肯电气公司不具备开发市场潜力的生产制造能力，所以在启动费用高昂的产能扩张计划之前往往采取许可、合资、打造自有品牌等战略。

满足客户预期的关键成功变量

林肯电气公司相信,对于面向弧焊客户的战略而言,8个变量对于达到预期目标至关重要,这些关键变量分别是:

- 成本/价格
- 品牌忠诚度
- 产品质量和绩效
- 技术支持
- 交付和服务
- 精心招聘并培训新员工

图6-8概述了这些变量,与其配套的管理被认为对于满足或超出客户需求非常重要。

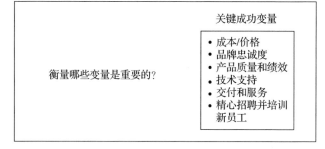

图6-8 面向客户的关键成功变量

关键成功变量对于实现管理层追求的目标和战略至关重要。这些变量至少在一定程度上超出了管理层的控制,否则就成为管理决策的变量,能够由管理层来设定,而不再是取得成功的关键变量。

例如，林肯电气公司希望继续作为该行业的低成本生产商，以尽可能低的成本为客户提供高质量的产品。然而，成本变量只是部分受管理层控制，此外还受原材料价格、员工生产率影响，这两个变量也仅仅是部分受林肯电气公司管理层控制。正是得到管理系统支持的管理过程帮助管理层实现了成本目标，每个变量都以类似方式被管理层确定为关键的成功变量。

一旦确定了关键的成功变量，管理过程就转向了测量。图 6-9 说明了在绩效评分系统中所做的测量。尽管图 6-9 并未涵盖林肯电气公司需要的全部绩效指标，但绩效评分系统中的现有指标对图 6-8 中几乎所有关键成功变量都非常重要。

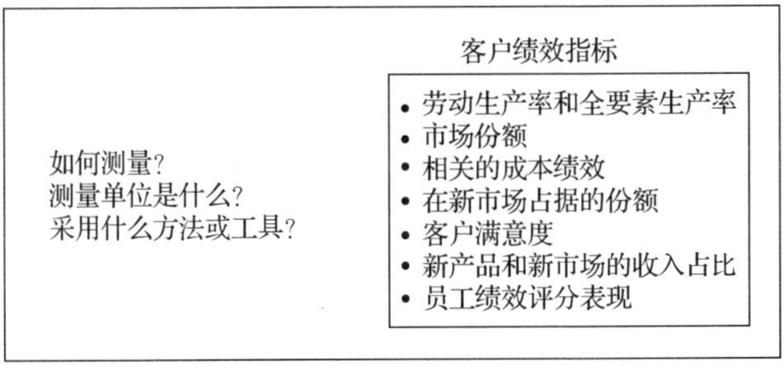

```
如何测量?                客户绩效指标
测量单位是什么?          • 劳动生产率和全要素生产率
采用什么方法或工具?      • 市场份额
                         • 相关的成本绩效
                         • 在新市场占据的份额
                         • 客户满意度
                         • 新产品和新市场的收入占比
                         • 员工绩效评分表现
```

图 6-9　员工绩效测量

图 6-9 说明了我们如何实现绩效测量，这些测量试图准确地描绘一个或多个关键成功变量。我们通过决定如何测量每个关键成功变量的值来做到这一点。通常情况下，我们不可能直接测量每个成功变量，只能通过运用代理变量来评估每个变量的值。

林肯电气公司的绩效测量系统采用了定量和定性的测量方

法，以确保关键成功变量成为在结构上有效的绩效指标，这些指标能够表明相关战略的实施在多大程度上取得了成功。林肯电气公司的绩效指标包括产出、质量（ISO9002认证）、可靠、建议与合作。林肯电气公司通过绩效评分卡上的质量标准来测量质量。虽然质量确实是"在客户的眼中"，产品缺陷和背离ISO标准表明必然质量低劣，但二者都不是直接测量质量的指标。

在测量过程中，我们必须要指定试图评估的指标值，并决定将如何收集和呈现数据。图6-10展示了计算和汇报结果的机制。

图6-10 员工现状汇报

接下来把计算得出的现状与理想进行比较。林肯电气公司理想水平的绩效指标建立了超过50年，这些理想水平的绩效指标是通过时间—动作研究、与客户的互动以及有关竞争的知识来确立的。在这方面，林肯电气公司历史上运用绩效评分系统积累了大量员工绩效数据，进而把这些理想绩效指标与半年来的实际绩效进行比较。图6-11展示了控制论管理过程中理想绩效指标的计算。

图 6–11　理想的员工绩效水平

如图 6–12 所示，需要对每个岗位的现状进行评估和比较，未来要采取的适应性举措源于该过程。图 6–13 描述的具体适应性举措是管理层如何适应竞争环境的实际例子，展现了管理层为更好地满足客户需求而对业务流程做出的各项改进。

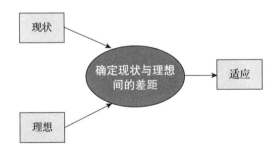

图 6–12　员工的实际绩效与理想水平的差距

图 6–13 也说明了俄亥俄分公司的员工是如何应对 20 世纪 90 年代初经历的困境的。具体而言，林肯电气公司美国国内的员工通过放弃节假日、削减年度绩效奖金来协助解决海外收购引起的财务难题。

图 6–6 中的 6 个方框、1 个圆形代表了管理过程中的各个变

量。林肯电气公司追求满足甚至超出客户的需求，图6-7到图6-13分别列举了该公司在管理过程中各变量的代表性例子。当企业对环境做出反应并试图主动影响环境时，文化价值观和管理系统就会支持并促进该管理过程发挥功能。

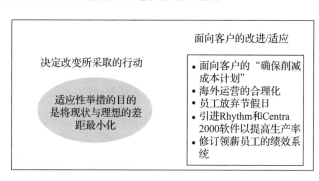

图6-13　林肯电气公司实现客户目标和战略的适应性举措

注　释

1. 在构建图6-3的过程中，我得到了加州Duarte市希望之城贝克曼研究所的工程师Doug Stahl、加州Anaheim市Anixter, Inc.的系统工程师Emily T. Papadopoulos的无私帮助，在此深表感谢。这些图形是Joseph A. Maciariello、Calvin J. Kirby、和Nathaniel N. Kelly的著作中通用图形的具体应用，参见 *The Design of Adaptive Control Systems*, Bethlehem, 1996年敏捷论坛（http://www.agilenet.org）。

2. 本部分源自公开信息，确切讲是基于林肯电气公司1997年3月21日提交给证券交易委员会的1996年度10K报告，该10K报告原文可从下述网址获得：www.sec.gov./Archives/edgar/data/59527。

3. 林肯电气公司新闻稿，"林肯电气公司公布1998年创纪录的收入"，1999年2月3日。自这篇新闻稿发布以来，林肯电气公司已经在土耳其伊斯坦布尔建造了一家合资制造企业，现如今林肯电气公司在 16 个国家制造产品。
4. 林肯电气公司提交给证券交易委员会的 10 - Q 表格第 12 页，该表格的适用日期为 1999 年 3 月 31 日之前 3 个月。
5. 例如，Henry Mintzberg, *The Structuring of Organizations* (Englewood Cliffs, NJ: Prentice-Hall, 1979); Raymond E. Miles and Charles C. Snow, *Organizational Strategy, Struture and Process* (New York: McGraw-Hill, 1978)。
6. Tom Burns and G. M. Stalker, *The Management of Innovation* (London: Tavistock Publications, 1961); Fremont E. Kast and James E. Rosenzweig, *Organization and Management: A Systems Contingency Approach* (New York: McGraw-Hill, 1985); Paul R. Lawrence and Jay W. Lorch, *Organization and Environment* (Boston: Harvard Business School Press, 1986); Jay Galbraith, *Designing Complex Organizations* (Reading, MA: Addison-Wesley, 1973)。
7. 该信息源自伊萨公司的网站，网址：www.esab.se；伊萨公司当前隶属于控股公司英国渣打集团 (Charter plc)，网址：www.charter.com。
8. 林肯电气公司提交给证券交易委员会的 10 - Q 表格第 12 页，该表格的适用日期为 1999 年 6 月 30 日之前 3 个月。
9. Robert S. Kaplan and David P. Norton, *The Balanced Scorecard: Translating Strategy into Action* (Boston: Harvard Business School Press, 1996)。
10. 这部分材料源自公开信息，确切地讲与本章注释 2 同样基于林肯电气公司 1997 年 3 月 21 日提交给证券交易委员会的 1996 年度 10K 报告。

第 7 章 管理系统的动力机制与对利益相关方的管理

毫无疑问，林肯电气公司已经辉煌了超过一个世纪，期间能够不断满足关键利益相关方——客户（最重要）、员工、股东的要求。图 7-1 概括了林肯电气公司的动力机制及其管理系统的特质，该系统帮助其成为一家敏捷的全球企业。从左至右浏览图 7-1，我们可以发现林肯电气公司的高管（敏捷源 1）设计了正

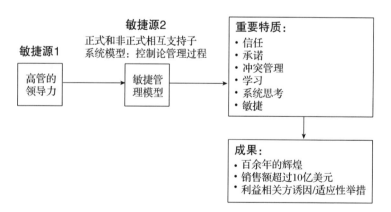

图 7-1 敏捷源、敏捷管理模型、重要特质与成果

式管理系统,并且一直在积极主动地影响非正式管理系统(敏捷源2)的方向,以便生成若干重要特质。在关于激励的文献中,这些重要特质普遍被视为组织取得成功的关键因素。[1]

尽管图7-1中的6个重要特质具有高度的依赖性,但信任是管理系统和管理过程中成功动力机制的关键。只要组织成员彼此高度信任,那么组织就相对容易得到员工的承诺,进而提高建设性地管理冲突的能力,同时不损坏人际关系结构。学习是员工在非正式关系和跨职能团队的背景下解决问题时彼此互动的副产品。跨职能团队、工作轮换、管理层与员工之间的广泛沟通与教育等,都鼓励了系统思考。这五种重要特质与组织的敏捷/速度/适应性特质密切相关。

关于组织动力机制的另一个问题是:图7-1中展示的两个敏捷源(高管的领导力、正式与非正式管理系统)如何孕育了上述6种特质?下面我们讨论每个重要特质的来源。

重要特质

从最高层面来看,整体上企业管理系统和管理过程生成上述重要特质的关键是领导者的言行("言行一致"的领导者)代表的领导力和价值观。如前文所述,价值观在组织成员心目中代表的是公正和道德,孕育了林肯电气公司的卓越成就。林肯电气公司的价值观源自黄金法则,在该公司历史上已被最高管理层不断地予以陈述和证明。

后文描述了林肯电气公司管理系统和管理过程的各个方面,

这些方面有助于孕育每种重要特质。

重要特质：信任

企业设计任何一套管理系统，真正目标都是让管理者和员工做出企业希望的行为。许多管理权威学者认为，组织成员之间的信任是引发这种行为的关键。麦卡利斯特发现，个人与组织之间构建合作关系时，信任是一个至关重要的因素。[2] 如果成员彼此间存在信任，那么组织就能够削减成本，提高竞争力，成功地适应利益相关方不断变化的需求。[3]

通过管理层与生产性员工之间开诚布公的沟通，以及员工切实参与公司治理，林肯电气公司提高了内部的信任水平。许多举措都有助于加强人们之间的信任，尤其值得一提的是咨询委员会每两周召开的会议。员工与最高管理层之间的接触也促进了沟通，其实现方式多种多样，包括最高管理层频繁深入生产车间、咨询委员会每两周召开会议、建议系统以及"门户开放政策"。

普通员工在本职工作领域享有权威，承担广泛的责任，代表着员工获得高度的自治和授权，也意味着企业信任和尊重员工。林肯电气公司一线主管与普通员工之间的管理幅度为1∶100，实际上是在告诉员工必须充分运用自己的判断力，一线主管根本不可能监管每位员工的每项任务。高度授权的举措鼓励生产性员工承担责任并提出建议，最终结果不仅是组织成员之间相互信任，员工还会主动提出改善运营、提高生产率的建议。林肯电气公司的最高管理层没有特殊待遇，这种平等的薪酬结构使员工产生了一种公平感和分配正义感。这种分配正义感消除了员工的受剥削观念，有助于在企业内部孕育相互信任的氛围。杜绝官僚主义行为，使得员工与中高层管理者之间的对话畅通无阻，避免了所有组织中时常出现的相互误解，铲除了滋生彼此猜疑的土壤。林肯电气公司开展的广泛培训，以及公司尽力为员工提供最先进的技术工具，增强了员工的信心。林肯电气公司在绩效考核与奖励系统中采用"诚实的度量衡"，包括及时、可靠地反馈绩效信息，也有助于建立信任。

上述创造信任的举措广泛存在于公司正式和非正式管理系统中。如果主要的正式子系统与非正式子系统之间不一致，可能会损害人们之间的信任。例如，假设林肯电气公司违反在三年试用期满之后继续雇用员工的协议，解雇大部分此类员工，那么就会出现这种情况。

绩效考核、奖励系统、咨询委员会、高度授权、培训计划、平等的薪酬结构、建议系统等都是正式管理系统的组成部分。另外，企业的价值观（"言行一致"）、杜绝官僚主义行为以及"门户开放政策"是非正式管理系统的组成部分。正式管理系统加强了非正式管理系统。例如，如果员工认为奖励系统不公平，那么对管理层的态度就会变得不友好，他们参与为改善运营开展的非正式对话的意愿很可能就会下降。

组织文化价值观创造的信任及其孕育的坦诚沟通，使员工能够主动表达对管理层某些政策的异议而不用担心遭到报复。由于企业的成功对双方都有利，所以管理层应该放下防卫意识，不要把员工对现有政策的批评视为威胁。

重要特质：承诺

成员共享组织目标的程度与承诺密切相关，也与信任紧密相连。几乎信任的所有方面都有助于强化承诺。

第一个层次的承诺来自于个人的自我控制系统。道尔顿和劳伦斯从控制论反馈系统角度描述了个人对组织工作承诺的潜在自我控制方面的作用：

> 个人会对某些目标做出承诺，并常常不辞辛苦地实现它们。这种控制的方向源自个人的目标和愿望。这些标准变成了对自我绩效的期望以及自我的某些中介目标。没有达到自我的目标或没有满足心理上自我承诺的最后期限，都是我们的行为需要矫正的信号。遵守这些自我管理机制获得的回报包括满足、高兴以及自主感。在该系统中，对不遵守这些机制的惩罚范围从轻微的失望到深深的无能为力感。[4]

个人的自我承诺能够通过正式和非正式管理系统得到加强。例如，正式和非正式管理系统提供的关于个人和组织目标进展情况的信息，能够使个人的承诺变得更有效率。同样，正式奖励与对成就的非正式认可也能够强化对组织目标的承诺。[5]

只要组织中存在承诺，它就会成为协调个人和组织目标进而实现这些目标的工具。此外，个人对组织的承诺越坚定，对组织就越忠诚，辞职的可能性就越低。相关管理文献对此有大量论述。[6]

从精挑细选新员工的招聘开始，林肯电气公司管理系统设立了各种建立承诺的机制。在招聘生产性员工方面,应聘者和成功者的比例高达75:1。显然,林肯电气公司寻求非常积极主动的应聘者,他们具有获得成功的强烈愿望。在林肯电气公司的管理系统中还有很多额外机制有助于建立承诺。

试用期满后持续就业的保证,有助于员工对企业产生归属感。如果员工在就业方面存在很大的不安全感,那么就难以对林肯电气公司或其他组织做出承诺。

通过各种股票购买计划以及401K计划○,员工广泛持有公司的股票,有助于维系公司的长期经营。员工持股还意味着能够从公司的经济福利中获得长期的个人利益。

参与有助于建立承诺,林肯电气公司的员工全面参与各种影响本职工作的决策。咨询委员会在这方面发挥了至关重要的作用。此外,非官僚主义行为、走动式管理以及最高管理层的"门户开放政策"等所有其他非正式机制也功不可没。

林肯电气公司的绩效考核与奖励系统给员工提供了准确、及时的反馈信息,也有助于建立承诺。巨大的管理幅度及由此产生的员工自治,帮助孕育了员工的创造力和自律。公司的全部文化价值观和整个管理系统都鼓励了员工的成长和发展。

公司的绩效评估、薪酬、公平分配生产成果的奖金制度,都有助于增强员工对组织的承诺。员工知道自己将获得工作成果的

○ 401K 计划(401K Plan),1981 年美国创立的一种延后课税的退休金账户计划,美国政府将相关规定明订在国税法第 401(K)条中,故简称 401K 计划。——译者注

公平份额，自己的劳动成果不会不成比例地分配给最高管理层和股东。这些信息孕育了员工与管理层的合作态度，也强化了员工对组织的承诺。

林肯电气公司积极支持员工发展，鼓励他们在工作中充分发挥自己的才能，进一步巩固了员工对企业的承诺。随着员工的发展，其人力资本、自我价值、经济生产率也会水涨船高。

重要特质：冲突管理

冲突的一个来源是个人目标与组织目标之间存在差异。设计管理系统时，我们试图使个人目标与组织目标保持一致，但这是一项艰巨任务。组织中各个子系统看到的是不同的现实，为了做出最符合本组织利益的决策，相关人员之间必然会产生（或许是有利的）冲突。

冲突普遍存在于所有组织中，并且原因非常复杂。有位冲突管理顾问在最近出版的一本著作中介绍了降低冲突成本的机制，详细讨论了组织中普遍存在的冲突及其成因：

> 有时候是由于利益冲突，有时候是由于沟通不畅，或者是其中一方意图不良、自私自利、存在人格障碍或资源匮乏。审视任何一家企业的运营，即使在业务蒸蒸日上的时期，你也很可能发现存在上述一个或多个原因。[7]

冲突的存在会影响对组织的成功至关重要的特质。冲突通过对其他重要特质（如信任和承诺）的影响削弱合作，最终可能会撕裂组织。虽然组织时常经由彼此冲突的观点最后达成有效的决策，但冲突必须得到管理，以减轻对正式和非正式管理系统的负面影响，降低对组织的破坏。

企业管理层面临的挑战不是消除冲突，而是减少导致组织功能失调的冲突，并在组织的管理系统内部构建冲突处理机制。林肯电气公司在这方面的表现尤其突出。

林肯电气公司的员工管理沟通系统使得各方都处于不断解决问题的模式中，员工和管理层之间的高度信任使得分歧能够坦诚地展现出来。承诺和信任创造了解决问题的动力，而解决问题的方式符合整个企业的最佳利益。

绩效考核与激励机制能够大大促进合作，从而有助于管理冲突。尽管如此，林肯电气公司和其他组织一样，内部仍然存在若干导致组织功能失调的冲突。林肯电气公司的计件工资制有时会导致冲突。当生产线采用新技术时，计件工资率会加以调整，这可能会导致冲突。此外，林肯电气公司生产过程的高度相互依赖，也会成为影响下游员工绩效的瓶颈，从而引发冲突。"人们知道彼此的缺点和障碍，开会时并非总能彬彬有礼地讨论。"[8]

重要特质：学习

任何学习都需要得到反馈信息，反馈越及时、越准确，学习效果就越好。管理学者和管理实践者都认识到，彼此坦诚与信任的环境是个人和组织学习的前提。[9]

林肯电气公司管理层通过对员工进行广泛的培训和开发，为他们提供了学习的环境，进而加以授权并使其承担责任。计件工资制和奖金制度进一步鼓励了员工学习、成长和开发，能够迅速反馈关于成功或失败的信息,为员工提高工作成效和创造力提供了重要激励。奖金制度也鼓励合作,进而促进了思想交流和学习。

跨职能团队实现了信息的快速流动,从而有助于学习。从业规则的缺乏则进一步促进了鼓励学习的工作弹性和工作轮换。

重要特质:系统思考

林肯电气公司的系统思考始于重视客户以及如何为其创造价值,这就引出了如何激励员工实现客户价值的问题。林肯电气公司管理系统进而被设计得有助于激发员工更高尚的品质(道德、尊严、理性、创造力、自主感、社区意识),以满足客户的持续需求。

进而,生产系统重点聚焦于先进的技术和复杂的软件系统,以促进生产计划和成本控制,发挥相应的功能,提高产品质量,满足客户的进度要求等。营销聚焦于解决客户的问题,包括降低客户的成本和改善客户服务。销售队伍受过技术培训,有助于解决客户的难题。企业与分销商的关系得到了良好的开发和培育。

由于管理系统维护了客户的利益,与人性的重要特质相一致,所以给企业创造了一种整体的竞争优势。管理系统被设计为以一种系统性和相辅相成的方式运作。

关于林肯电气公司的文化价值观、运营以及管理系统,墨西哥分公司总经理大卫·勒布朗(David LeBlanc)在1999年2月5日与作者的通信中雄辩地指出:

林肯电气公司的管理系统是一个"完整的、紧密耦合的系统"。美国的业务是一个完善的系统，其工程、制造、管理都已经步入正轨。需要长期积累才能做到这一点。

重要特质：敏捷

关注客户及其反馈信息为企业提供了激励，这与人类和组织的惯性趋势背道而驰。

在以往，相对扁平的组织结构使得企业能够对市场变化和技术变化迅速做出反应。高度的员工自治鼓励新思想的涌现，包括"跳出框框"的思维。此外，从业规则的缺失，使得员工能够在致力于解决某个问题的跨职能团队中发挥作用，并根据情况所需成为解决问题的专家。在解决问题时，跨职能团队被允许有相当大的灵活性，从而有助于加强敏捷和适应性。

强烈的社区意识使得企业允许人尽其才解决问题，有助于提高适应性。高度信任的环境同样有助于这一点，由于人们较少地怀疑他人的意图，从而大幅降低了交易费用⊖和代理问题⊖（机会主义），与此同时，进一步增强了企业的适应能力，提高了适应的速度。

⊖ 交易费用（transaction costs），制度经济学的核心概念，泛指进入市场从事任何经济交易的成本。1993年诺贝尔经济学奖得主道格拉斯·诺斯认为，制度是决定交易费用的关键。——译者注

⊖ 代理问题（agency problems），又称"代理困境"，是委托代理理论中的概念，指代理人根据自己而不是委托人的最大利益采取行动，经济学家和政治学家构建了多种机制来缓解该问题。——译者注

总结：重要特质孕育敏捷和适应性

林肯电气公司的实践表明，孕育上述重要特质的关键是领导力以及领导者的言行。林肯电气公司员工认可带来辉煌成就的价值观是公正的、道德高尚的。

相信领导者把组织及其利益相关方（客户、员工、股东）的最大利益放在心上，有助于增进信任。此外，对这样的领导者公开持反对意见也变得非常容易。林肯电气公司的员工可以毫无压力地说："停！此处应该采取什么措施？"林肯电气公司的咨询委员会和"门户开放政策"使得所有层级的管理者和生产性员工都能够非常容易地质疑既定的成规。人人处于同一个团队中，分享共同的愿景，处在弹性信任的保护伞之下。承诺、管理冲突的能力、学习、系统思考要求组织中具有高水平的信任。

林肯电气公司高管的领导力、敏捷管理模型与绩效

由于林肯电气公司的经营价值观始终立足于黄金法则的坚实道德基础之上，所以其管理系统在其他企业失败之处取得了成功。黄金法则是该公司全部管理系统和管理过程的基石。正是黄金法则为企业的每个子系统提供了动力，并将其整合为相辅相成的整体，在鼓励信任、承诺、冲突管理、学习、系统思考的工作环境中，相辅相成的管理系统缔造了共同的目标和愿景。这反过来又使组织自然而然敏捷。本书第 12 章提供的两个简短例子表明了自然而然敏捷在实践中发挥作用的方式。

然而必须再次强调的一点是，林肯电气公司缔造了一个相辅相成的系统。绩效和奖励制度是追求公平分配成果的总体价值系统的一部分，也是坦诚与信任的企业文化的一部分，这种文化受到充分沟通过程和广泛授权举措的支持。

换言之，是林肯电气公司的整个管理系统，而不仅仅是绩效和奖励子系统为企业带来了成功和敏捷——许多管理实践者和管理学家都持这种观点。其他企业未能成功地复制林肯电气公司的成功，原因正在于此。其他企业仅靠改革绩效和奖励子系统绝不可能获得林肯电气公司的成就！

林肯电气公司的价值观重视客户并使其获益，重视员工并支持其发展。该价值观立足于黄金法则，贯穿于管理系统的方方面面，在一个世纪的时间内，为一家自然而然敏捷、真正卓越的企业奠定了道德基础，使其成为一家值得学习的企业！

在一篇重要的学术论文中，米格罗姆和罗伯茨运用先进的"超模博弈最优化"数学模型阐明了其他企业难以模仿林肯电气公司奖励与赞誉系统的原因，[10]即该系统的各部分相辅相成，共同提升整体绩效。尽管文章更多地聚焦于奖励与赞誉子系统各部分的互补，但他们得出了一个引人注目的结论，我认为这正是本书强烈支持的：

> 多数解释几乎完全聚焦于计件工资制，但互补视角给出了一个截然不同的答案。我们认为，林肯电气公司的计件工资制是一个相辅相成系统中的一部分，单独挑出某个因素并移植到无法互补的系统中不可能取得积极成果。分析林肯电气公司的计件工资制，而无视其发挥作用所依赖的奖金计划、所有权结构、库存政策等，注定不能解释其他公司在模仿过程中遭遇的失败。（p.204）

我相信，林肯电气公司高管层百年来对人类道德价值观的支持，以及对客户和员工管理的高度重视，是成功经验的核心。这些价值观影响了正式管理系统中管理过程和各子系统的设计，也影响了非正式管理系统的发展演变。高度重视客户和员工的价值观，以及正式和非正式管理系统，是林肯电气公司管理系统取得巨大成功的原因，也是其他企业难以模仿的原因。此外，对林肯电气公司更为重要的是，它们也是管理系统在部分海外收购企业中水土不服的原因。

利益相关方的诱因和贡献

如果一家企业想要生存下去并长期保持竞争力，那么就必须使其主要利益相关方（客户、员工、股东）感到满意。管理层的职能是实现企业的宗旨以满足社会需要，同时不断地向利益相关方提供诱因以激励他们持续为企业做贡献。企业的宗旨总是面向社会，所以林肯电气公司把客户排在首位，员工次之，股东最后，我认为这是绝对正确的，做正确的事才能保证生存进而取得成功。在《工业经济学的新途径》中，詹姆斯·林肯清晰地阐述了对三个利益相关方的看法：

管理层必须解决的难题是如何奖励这些群体。奖励的方式必须使得员工、管理层、客户都认为分配比较合理，唯有如此他们才会继续合作。(p. 39)

归根结底，企业的宗旨是向公众提供需要和想要的产品。(p. 44)

由于股东持股的原因只不过是认为这比其他投资方式更加有利可图，因此股东是最后需要顾及的群体。（p.38）

这里所说的股东并非企业的所有者，也不是创建企业或提供原始资本之人。那些创建企业的所有者通常是实际的经营者，也应当得到重视。但"缺席股东"（absentee stockholder）除了关心股价上涨获得更多股息外，对企业既一无所知又毫无兴趣，所以他们对客户和员工没有任何价值。（p.38~39）

我们已经考察了林肯电气的管理系统和管理过程，该公司首先关注客户和员工，貌似以牺牲股东的利益为代价，但本书第5章提供的股东回报数据有力地驳斥了该观点。毫无疑问，在长时期内林肯电气公司的股东回报率一直明显高于行业平均水平。如图5-4以及第5章的讨论，尽管不同时期的股东回报率有所波动，但在1974—1998年的25年里，股东的年平均总股利率超过16%；在1994—1998年的5年里，股东的年平均总股利率超过39%。

林肯电气公司用非常高的奖金来大力激励员工，唯有通过同样卓越的员工绩效才能证明其合理性。对于客户而言，林肯电气公司历来一直提供优质的产品和服务；反之，作为对这些诱因的回报，客户始终对林肯电气公司高度忠诚。

乍一看，"确保削减成本计划"似乎给客户提供了更多优惠而不是对企业的贡献。但进一步思考会发现，对于那些无法实现削减成本承诺的客户，林肯电气公司的销售工程师不可能向其提供削减成本的保证。面向客户培训代表林肯电气的销售工程师，可能会防止销售部门对客户做出生产性员工无法实现的承诺——这正是销售组织的特有难题。

至于投资者,林肯电气公司某位已退休的投资者关系主管告诉我,不仅从未有任何机构投资者打电话要求该公司提高股东回报、改变文化和管理系统。而且实际发生的事情恰恰相反。

许多机构投资者打电话表示,他们对额外股息不感兴趣,希望公司将这些资金再投资到员工奖金计划中。这些投资者相信,对自身的长期投资而言,一支优秀而忠诚的员工队伍远比股息增加几个百分点重要得多。这确实无比正确!广义的"林肯家族"始终认为,奖金计划过去是、现在依然是保持员工忠诚的绝佳投资。在林肯电气公司最严重的危机时期,也正是俄亥俄分公司的生产性员工和销售人员"帮助公司渡过了难关"。

尽管詹姆斯·林肯对股东角色的看法有些极端,但我确实认为他缔造了一个恰当反映企业宗旨的优先次序。企业树立了正确的宗旨并确立了劳资双方适当的合作关系之后,股东的长期利益才能得到充分保障。此外,通过让管理者和员工成为企业的所有者,他们与股东的利益得以保持一致。图7-2形象地展现了本章讨论的每个利益相关方市场的均衡。

长期来看,客户、员工与股东之间没有根本性冲突。一旦企业建立,高层管理者必须在三个利益相关方之间构建合作关系,以确保满足客户需求立足于可持续的基础,并促进员工和管理层在满足客户需求时相互合作。最后,员工和管理层必须认识到,每个群体以及股东都应该根据其对成功满足客户需求做出的贡献来获得报酬。

图 7-2 利益相关方市场的均衡

传统上,企业的宗旨被界定为利润最大化,员工、管理层、股东为了各自"适当的"收益份额而相互斗争。相比之下,林肯电气公司的制度安排能使股东获得更多收益。由于客户支付包括利润在内的全部账单,因此传统方式显然不合理。在与客户相互满意的关系中开展合作,符合各利益相关方的利益。企业管理者有责任以这种方式管理与利益相关方的关系。

注 释

1. Karen L. Higgins, *Management Coordination Systems for an Interoganizational Network*, (Ph. D. diss., Executive Management Program, Drucker Center, The Claremont Graduate School, Claremont, CA, 1997), pp. 24-38。
2. Daniel J. McAllister, "Affect and Cognition-Based Trust as Foundationy for Interpersonal Cooperation in Organizations," *Academy of Management Journal* 38, no. 1 (February 1995): 24-59。
3. John O. Whitney, *The Trust Factor* (New York: McGraw-Hill, 1994); and Bromiley and Cummings, "Transaction Costs in Organizations with Trust."

Discussion Paper #128, Strategic Management Research Center, University of Minnesota, July 1992, pp. 1 – 33。

4. Gene W. Dalton and Paul R. Lawrence, *Motivation and Control in Organizations* (Homewood, IL: Richard D. Irwin, 1971), 14。

5. 关于这些议题, 请参阅 Edwin A. Locke, Garry P. Latham, and Miriam Erez, "The Determinants of Goal Commitment," *Academy of Management Review*13 (1988): 23 – 39。

6. 见 Steven L. Fink, *High Commitment Workplaces* (New York: Quorum Books, 1992)。

7. Karl A. Slaikeu and Ralph H. Hasson, *Controlling the Cost of Conflict* (San Francisco: Jossey-Bass, 1998), 6。

8. 林肯电气公司的理查德·萨博, 引自 Section 3, Money & Business, "Royal Blue Collars," page 12 of the *New York Times*, Sunday, March 22, 1998。

9. J. Maciariello and C. Kirby, *Management Control Systems: Using Adaptive Systems to Attain Control* (Englewood Cliffs, NJ: Prentice Hall, 1994), 93 – 97; and "The Evolution of Organizational Environments," *Administrative Science Quarterly* 12 (1968): 590 – 613。

10. Paul Milgrom and John Roberts, "Complementarities and Fit: Strategy, Structure and Organizational Change in Manufacturing," *Journal of Accounting and Economics* (1995): 179 – 208。

第 8 章 海外移植企业文化和管理系统的成败

了解林肯电气公司海外收购经历的管理者和学者普遍持有一种观点，即林肯电气公司试图把文化和管理系统移植到被收购企业和海外分公司的经历证明，该公司的文化和管理系统无法移植。关于林肯电气公司把文化和管理系统移植到被收购企业的能力，相比于那些不了解林肯电气公司的管理者和学者进行的常见争论，我的调查分析多少有些不同，也更为复杂。

林肯电气公司的成功之处

首先，林肯电气公司在加拿大、澳大利亚、法国新建的分公司（绿地投资㊀）已经能够移植文化和管理系统的本质部分。

㊀ 绿地投资（greenfield operations），指跨国公司等投资主体在东道国境内依照当地法律新建的部分或全部资产所有权归外国投资者所有的企业。——译者注

1925 年,林肯电气公司开始在加拿大运营,"很快就采用了美国的多数(需要重点强调)激励系统,如 1940 年开始采用年度奖金制,1946 年实行计件工资制……最高管理层的'门户开放政策'和员工咨询委员会确保了分公司 200 余名员工之间的充分沟通。这些员工与美国员工一样抵制工会化,并在 20 世纪 70 年代的一次投票中将工会予以否决。"[1]

林肯电气公司加拿大分公司现任总经理理查德·西夫(Richard J. Seif)以及前几任总经理始终致力于奉行总部的管理哲学。结果,林肯电气公司的大部分文化和管理系统成功移植到加拿大分公司。然而需要指出的是,加拿大分公司的员工从未获得持续就业的保证。

1938 年,林肯电气公司在澳大利亚兴建了一家制造工厂,旨在服务于澳大利亚和亚洲市场。"大多数生产性岗位"都引入了计件工资制,年度奖金制也被引入,"通常相当于发放奖金前薪酬的 25%~35%"。"澳大利亚是世界上工会化程度最高的国家之一,但林肯电气公司的员工多次拒绝组织工会。"[2] 澳大利亚工厂还成立了咨询委员会。

詹姆斯·林肯亲自挑选威廉·米斯科(William Miskoe)负责运营澳大利亚工厂。米斯科不仅使林肯电气公司的管理系统成功地在澳大利亚运作,而且他本人在该国商界也成了一名传奇人物。他在林肯电气的职业生涯接近 50 年,始终扎实能干,完全奉行该公司的文化,遵照管理系统的要求,培养了日后出任澳大利亚工厂总经理的罗伯特·李(Robert J. Lee)。

如前所述,1955 年林肯电气公司受邀到法国开展制造业务。

"来自克利夫兰的外籍人士在 20 世纪 50 年代末帮助落实了激励系统,包括计件工资制、绩效评分制、占薪酬 10%～15% 的奖金。正式的持续就业政策从那时开始实施,直到 20 世纪 70 年代初被废除。"[3]

1990 年,林肯电气公司从艾默生电气公司收购了哈立斯热能公司,并将其转变为一个独立分部。尽管其总部位于佐治亚州的盖恩斯维尔,且在该地设有制造工厂,但在意大利的皮亚诺罗和米兰、爱尔兰的拉特纽、加利福尼亚州的蒙特利公园也设有工厂,其中意大利和爱尔兰工厂是林肯电气公司与挪威 Norweld Holding 公司达成的协议的一部分。

哈立斯热能公司在其国内和国外部门中采用了林肯电气公司管理系统的许多举措,包括计件工资制、绩效评分制、奖金计划、咨询委员会,但没有保证持续就业。

然而,移植林肯电气公司文化和管理系统最成功的例子是墨西哥分公司。[4] 如前文所述,林肯电气墨西哥分公司由 1988—1992 年三桩相互独立的收购合并组建,设在墨西哥城的工厂为墨西哥和其他中南美洲客户提供焊接产品。

墨西哥分公司受益于同拉美国家的贸易,与中美洲国家、委内瑞拉、哥伦比亚的客户有大量业务往来,并与所有其他中南美洲国家进行贸易。[5]

当墨西哥分公司打开商品类焊接产品的市场后,克利夫兰工厂获得了出口机会,焊机、焊接设备等配套产品和高档产品从克利夫兰为中南美洲客户供货。

墨西哥分公司由麦肯拜克组建于 1988 年,当时他任林肯电气公司洛杉矶销售处的经理。麦肯拜克与德兰尼（James Delaney）合作开发墨西哥业务，后来由德兰尼负责墨西哥分公司的管理。德兰尼通过招募自愿试行计件工资制的员工，最早在墨西哥分公司推广该制度。一旦其他员工看到计件员工赚到更多收入，就开始相信计件工资制的优点。德兰尼还设法使工会领导者相信，采用计件工资制将会实现双赢——员工赚得越多，给工会缴纳的会费就越多。

德兰尼在哈佛商学院参加一个高级管理项目时招纳了大卫·勒布朗，后来勒布朗担任墨西哥分公司总经理。拉尔夫·费尔南德斯（Ralph Fernandez）当时在迈阿密任职，现在担任墨西哥分公司总裁。1992—1996年，麦肯拜克逐步成为林肯电气公司的总裁和首席运营官。

现任墨西哥分公司总经理的大卫·勒布朗曾经在俄亥俄分公司的销售部门任职，是一名研究生毕业的工程师，拥有哈佛商学院的MBA学位。墨西哥分公司采用计件工资制，设立了一个绩效评分计划，实行奖金制度，并实施了货真价实的"门户开放政策"。然而墨西哥分公司并没有保证持续就业，并且墨西哥城采用计件工资制的员工也加入了工会。

1991年，勒布朗开始扩大计件工资制（西班牙语是 *destajo*）的实施范围，此后生产率大幅提高，无论是根据员工还是机器的单位时间产出来衡量结果都一样。1991年以来，墨西哥分公司的生产率已经增长了两倍。

然而勒布朗表示，采用计件工资制确实面临巨大挑战。计件工资系统难以管理，每当技术发生变化，每项受到影响的计件工资率都必须加以调整才能反映新技术的产出潜力。这需要工业工程师从事大量工作,而且这是一个循环过程,每当技术发生变化,计件工资率必须及时调整。

墨西哥分公司的经验表明了在海外收购的企业中,成功采用林肯电气公司的文化和管理系统必须采用的方法,此外也对其他想要采用"林肯式"管理系统的公司具有启发意义。

大卫·勒布朗向本书作者传达并概括了墨西哥分公司管理系统遵循的原则,该原则完全符合詹姆斯·林肯的理念:

> 该原则由对人的尊严的信念和对人的发展的承诺构成。对人的尊严的信念是相信他们具有潜力,能够成长并表现出高度的创造力和独创性。该原则还包括完全根据产出公正地分配报酬的承诺。因此,员工的薪资取决于计件工资制下的生产率。

墨西哥分公司的奖金基于该公司的利润和员工个人的绩效评分。根据绩效评分系统,员工在下列四个方面进行评分:组织目标的完成情况、自我改善/主动性、纪律/质量、团队合作/责任/领导力。

墨西哥分公司在奖金方面的做法与俄亥俄分公司有所不同。墨西哥法律强制要求员工分享公司的利润。所有企业必须把税前收入的10%作为奖金发放给员工。大量在墨西哥经营的企业为了避免支付这笔奖金,纷纷成立没有员工的"空壳公司",进而把在该国获得的利润转移给这些空壳公司。

林肯电气公司的原则包括尊重每个人的尊严,挖掘他们实际的和潜在的能力。因此,墨西哥分公司致力于成为一家"开放的公司",要求员工积极提出有关经营的建议和改进举措。

詹姆斯·林肯致力于确保就业。他相信,如果企业能够主动满足员工加入工会的目的,甚至给出更多福利,那么员工就没必要加入工会了。

勒布朗坚决奉行这些原则。他在克利夫兰经历了关键的社会化过程○,充分理解了林肯电气公司的管理系统。由于勒布朗想要把林肯电气公司的管理系统移植到墨西哥分公司,所以才欣然接管设在墨西哥的工厂。

如何应用这些原则取决于墨西哥的特殊环境,而在墨西哥等海外收购企业中贯彻这些原则的速度取决于被收购企业的历史。墨西哥城被林肯电气公司收购并整合的三家企业已经失败,员工们看到自己的企业正在接受一家非常成功的美国企业管理,他们知道要取得成功就必须进行改革。所以,相比于在西班牙收购的一家成功企业,在墨西哥被收购企业实施林肯电气公司的大部分管理系统要更加容易。

尽管勒布朗全心全意地致力于推行"林肯方式",但他认为实际做法必须适应墨西哥分公司所处的现实环境。因此,虽然墨西哥分公司与俄亥俄分公司在原则上没有分歧,但实际做法并不完全一致。

另外,墨西哥是一个高度工会化的国家。任何没有工会的企

○ 社会化过程(socialization processes),社会学概念,是社会规范和意识形态内在化的过程,因此是"实现社会和文化连续性的手段"。——译者注

业都会面临下述风险——"堕落的"组织者会接近企业员工,并以一种有害的方式将他们组织起来,因此勒布朗着手与墨西哥分公司的工会构建融洽的关系。这显然不同于克利夫兰公司的做法,但它符合意欲在墨西哥分公司推行的"林肯方式"。墨西哥分公司工会的领导者是一名律师,他与分公司管理层形成了一种建设性关系,在充分代表工会成员的同时成了一名林肯电气公司管理系统的"信徒"。

勒布朗形容自己与工会的关系"好得很",他与工会谈判达成一项协议,规定只有采用计件工资制的员工才能加入工会。也就是说,要在墨西哥分公司从事计件工作,你必须加入工会。墨西哥分公司25%~35%的员工不适用计件工资制,因此他们不是工会会员。没有加入工会的员工包括从事维修工作的工人和叉车司机。计件工资制对这类员工没有多大意义。为了有效地运用计件工资制,企业必须具有几乎无限的工作量。遵循林肯式原则,勒布朗相信计件工资制是立足于墨西哥分公司员工的尊严和才能,所以计件工资制得以秉持林肯式原则并在墨西哥城的现实环境中予以贯彻落实。

同样,相比于员工组织起来通过集体谈判获得的利益,墨西哥分公司的管理层给员工提供更多的薪资和福利。同时期墨西哥普通工人的平均年工资约为2000美元,而墨西哥分公司采用计件工资制的生产性员工平均年工资达5000~7000美元。

"确保就业政策"不仅可以在成长型市场运作,而且从长远来看,其运作应适应成长型市场的现实状况。然而,确保就业政策与中南美国家混乱而竞争激烈的劳动力市场并不相容。如果主管发现墨西哥分公司的某位员工绩效不佳,就会毫不犹豫地解雇此人,然而墨西哥分公司仍然倾向于业务的发展壮大和员工尽可能的持续就业。这方面墨西哥分公司再次做到了坚持林肯式原则的同时适应现实。

咨询委员会的设立也遵循同样的模式。1914 年,詹姆斯·林肯成立咨询委员会,旨在缓和管理层与员工之间的分歧,就如何改善运营状况征求员工的意见。刚开始,勒布朗在墨西哥分公司每周组织一次午餐会,但他发现午餐会上提出的问题都是些鸡毛蒜皮的小事,比如对自助餐厅饭菜质量的抱怨等。因此,他制定了一项真正的"门户开放政策",并有意与分公司所有员工保持联系。据勒布朗估计,他可能认识 420 名员工中的 350 人。所以,墨西哥分公司通过"走动式管理"和"门户开放政策"实现了与俄亥俄分公司正式的咨询委员会同样的目的。

墨西哥分公司管理层与工会代表、员工代表定期举行重要会议,所以工会代表、公司管理层、员工之间存在充分的沟通——坚持林肯式原则的同时适应东道国的现实。工会与企业之间的关系非常具有建设性,以至于工会领导者与勒布朗号召墨西哥城的其他企业效仿该公司的管理系统。

墨西哥分公司采用的绩效评分系统,与俄亥俄分公司采用的系统同样包含四项标准,但具体内容并不完全一致。[6] 此外,墨西哥分公司的绩效评分程序中存在一个更正式的目标设定过程。上级管理者为工厂中每个主要的工作部门制定书面的年度目标,接着管理者把部门目标分拆到员工个人,然后根据四项标准评估员工的绩效。这四项标准与原始的绩效评分标准相近,具体如下:

墨西哥分公司的绩效标准	原始的绩效评分标准
组织目标的完成情况	产出
自我改善/主动性	可靠
纪律/质量	质量
团队合作/责任/领导力	建议与合作

因此,墨西哥分公司采用的绩效评分系统更加正式,个人色彩更淡薄。然而,奖金占的比值(奖金总额除以奖金获得者的工资总额)却一直在上升。下表是过去五年墨西哥分公司奖金所占的比值:

年 份	奖金占的比值
1994	0%
1995	19%
1996	38%
1997	55%
1998	60%

相比之下,1998年俄亥俄分公司奖金占的比值为56%。因此,计件工资制和绩效评分制促进了墨西哥分公司生产率和利润的大幅增长。奖金占的比值体现了提高的生产率和利润。墨西哥分公司每年发放两次奖金。政府规定的奖金每年5月发放,绩效奖金12月12日发放,这一天是纪念墨西哥守护神的瓜达卢佩圣母节[⊖],所以绩效奖金也作为庆祝津贴发放。

⊖ 瓜达卢佩圣母(Virgin of Guadalupe),圣母玛利亚的称号,瓜达卢佩圣母在墨西哥人的信仰中占有特殊地位,也是墨西哥的国家象征。——译者注

最后，由于员工总收入非常具有竞争力，所以墨西哥分公司在招聘方面非常挑剔，要求应聘者起码具备相当于美国初中的受教育水平。

当墨西哥分公司总经理被问及，把林肯电气公司的文化和管理系统移植到一家新收购的海外企业需要多长时间时，他认为这首先取决于被收购企业的历史，并且相信某位经理可能需要付出5～10年时间才能成功移植。新的管理层需要同样长的时间招聘，并培训一支积极主动的员工队伍，制定适应东道国文化和法律的具体措施。

林肯电气公司的失败之处

1986年，林肯电气公司开始大力实施海外扩张战略。1965—1986年，威廉·伊尔冈始终聚焦于美国国内市场，然而在1985年，他似乎认识到了全球化的紧迫性，在发给股东的最后一封信中声称：

> 不断变化的国民经济结构始终是焊接企业面临的一个挑战。为了削减成本，增强在国际市场的竞争力，许多基础性金属制造业公司已经把生产基地迁出美国。[7]

要理解伊尔冈所说的林肯电气公司遭遇的挑战，我们只需要回顾一下该公司进行海外扩张之前面临的销售停滞即可。如果剔除"景气年份"1981年，1978—1986年该公司的年销售额基本持平，约为3.75亿美元。进行海外扩张后，从1987年到1988年，销售额以大约9%的年均复合增长率[○]增长。此外，1998年林肯电气公司非出口性海外销售额约为3.7亿美元，接近海外扩张初期美国国内销售额的水平。1998年，包括来自美国的出口在内的海外业务销售额，占该公司总销售额的32%。

尽管林肯电气公司的海外扩张问题重重，但毫无疑问，过去11年的销售额增长受到了海外业务的强烈推动。增长的销售额几乎可以平分为两部分，一方面是美国国内销售额的增长，另一方面是海外业务和出口销售额的增长。1998年的出口额为9250万美元，部分是来自美国的出口"喂养"的结果，这些都源自林肯电气公司的海外扩张。

早在1986年实施海外收购计划之前，林肯电气公司管理层就已致力于把企业文化和管理系统移植到新收购的海外分公司，然而海外收购计划进展非常迅速，导致出现了种种问题。20世纪80年代末至90年代初的5年时间内，该公司开展了9项收购，新建了两家工厂。由于收购数量太多以至于无法系统地移植公司文化和管理系统，所以该时期公司管理层没有制定相应的计划。

此外，多数收购计划都是在全球经济衰退时期开展的，因此，林肯电气公司海外分公司不得不进行大规模裁员。更糟糕的

○ 复合增长率（compounded rate of growth），一项投资在特定时期内的年度增长率，计算方法为总增长率百分比的n次方根，n为年数，描述投资回报率转变成较稳定的投资回报所得到的预想值。——译者注

是，由于部分跨国企业希望在欧洲各国之间的所有关税取消之前在欧洲拥有生产基地，导致对这类资产的需求旺盛，进而导致林肯电气公司在欧洲国家的收购价格过高。

在1988—1992年进行海外收购时，林肯电气公司管理层首先考虑的是与被收购企业核心业务的互补性，而忽视了双方价值观和管理系统的兼容性。或许更为关键的是，林肯电气公司管理层没有仔细考虑自身的运营措施是否符合被收购企业东道国的文化和法律。

我认为这是一个挫折，但不会永远束缚林肯电气公司向海外分公司移植文化和管理系统。移植的成败取决于管理系统与东道国法律的兼容性。

林肯电气公司由于开展海外收购的经验不足，导致遭遇了种种挫折，随后对收购的企业进行大力重组，上述过程已然创造了一种新的全球化方法。该方法包括使林肯电气公司的文化和管理系统适应被收购企业和东道国的现实，这意味着要接受东道国独特的工会、风俗习惯与规章制度，同时也意味着被收购企业的性质越来越接近其他企业。

墨西哥分公司的例子非常具有启发性。林肯电气公司的文化和管理系统已经在俄亥俄州发展了超过一个世纪，并且与美国企业普遍的文化和管理系统存在显著差异，所以移植过程必然困难重重。

在德国等被收购的海外企业中，仅仅工会、从业规则以及侵入性劳动法（intrusive labor laws）的存在就足以让管理层预见到移植文化和管理系统必然是困难重重。毫无疑问，如果林肯电气公司的海外业务是初创企业，且位于缺乏强制性从业规则和其他限制性劳动惯例的国家，那么情况将会大不相同。

另一方面，仔细审视林肯电气公司在吸收海外业务、绿地投资、收购方面的经验，就会发现事实并非一边倒。林肯电气公司的管理系统在世界许多国家和地区的移植非常成功，不仅在欧洲（尤其是位于法国的业务）运行良好，而且在加拿大、墨西哥也蓬勃发展，此外，多年来澳大利亚分公司的运行一直非常顺利，计件工资制和绩效评分制的修正版本在英格兰、爱尔兰、意大利和西班牙也得到了推行。

因此，林肯电气公司的经历表明，管理系统能被移植到海外分公司，但能否在18个月内成功实施呢？任何国家和地区都能移植吗？答案显然是否定的。例如，林肯电气公司管理系统无法克服在德国遭遇的经济和政治难题，无法与巴西的劳工立法兼容。立足于计件工资制、绩效评分制、交叉培训和奖金制度的林肯电气公司管理系统显然在德国和巴西行不通，结果导致林肯电气公司在这两个国家的制造业务都出现巨额亏损，不得不以出售了事。

此外，林肯电气公司的最高管理层认为德国的状况将会发生变化。由于两德统一以及来自原东德地区企业的竞争，德国未来的从业规则和工会将不会那么严格。原东德人民正在西德竞争工作岗位，这将导致德国的文化氛围有利于商业发展，工会施加的限制将不得不放松。

尽管林肯电气公司在墨西哥取得了成功，但鉴于该公司在巴西和委内瑞拉遭遇挫折，所以非常有必要预测其在拉美各国业务的前途。显然，表1-2中列举的伦理道德非常接近马克斯·韦伯㊀关于资本主义和新教工作伦理的著作中的观点。严格来讲，林肯电气公司的价值观起源于新教而不是天主教，然而拉美人民往往是虔诚的天主教徒。历史上，天主教一直敌视资本主义，拉美向来是解放神学㊁的温床。天主教会对资本主义的敌意一直立足于资本主义经济体制导致收入分配极不平等。然而，现在有越来越多的天主教学者承认，尽管某些资本主义社会的收入分配极不平等，但总体而言仍然提高了穷人的收入水平。

天主教学者越来越认识到，资本主义能够以一种超越所谓"新教工作伦理"的方式充分挖掘人的潜力。下面是一些天主教学者的论证逻辑：资本主义是一种创造性破坏的过程，要求具有企业家精神。因此，资本主义呼吁创新，上帝以自己的形象创造的人有能力创新，并且林肯电气公司的管理系统试图促进创新。在教皇最新的通谕发布之前，等级制的天主教会从未看到资本主义通过创造力和企业家精神来提高穷人生活水平的力量。实际上，韦伯也从未把创造力纳入新教工作伦理的范畴。

等级制的天主教对资本主义的态度正在改变。现任教皇的社

㊀ 马克斯·韦伯（Max Weber，1864—1920），德国百科全书式学者，最重要的研究主题是探讨西方社会最早进入现代社会的渊源，代表作《新教伦理与资本主义精神》。——译者注

㊁ 解放神学（liberation theology），主要在20世纪五六十年代的拉美国家天主教会内发展起来，强调对穷人的社会关怀和被压迫人民的政治解放。——译者注

会通谕以及迈克尔·诺瓦克[○]等天主教学者的著作，已经把企业家精神问题置于最重要的位置。等级制的天主教现在把资本主义视为提高穷人社会地位的主要制度。实际上，在过去的一个世纪中，林肯电气公司已经证明，资本主义能够提供强有力的激励，大幅提高低收入阶层的经济水平。但林肯电气公司在克利夫兰招聘的员工都经过精挑细选，具有一定的教育水平（高中或同等学力）和强烈的动机。毫无疑问，正如墨西哥分公司的经验所示，从任何国家的人口中都可以挑选出具有类似特征的员工。

关于林肯电气公司文化和管理系统的移植问题，起码在德国、巴西或其他存在类似限制的国家难以成功。

总之，要想成功地移植林肯电气公司的管理系统，必须具备某些条件：需要管理者具备卓越的领导力，对该系统持有坚定的信念，践行林肯式原则的同时结合实际情况调整具体做法，在各个岗位上找到合适人选，且会耗费相当长时间。但毫无疑问，如果上述条件得以满足，那么林肯电气公司的管理系统就能够移植。

该公司具有历史意义的文化和管理系统在当前的经营中发挥了多大作用

随着马萨罗被任命为董事长兼 CEO，该公司首次接受一位不

○ 迈克尔·诺瓦克（Michael Novak，1933—2017），美国天主教哲学家，外交官，代表作《天主教伦理与资本主义精神》（*Catholic Ethic And The Spirit Of Capitalism*）。——译者注

了解公司文化的人为领导。之所以这么做，是因为该公司要成为全球企业，管理者需要具备国际经验。马萨罗已经成功地完成了这项任务。但随着公司全球化程度的加深，林肯电气公司的文化该如何延续呢？

林肯电气公司走向全球化的同时，企业文化有可能得以保留并适应新的现实。这种乐观态度源自哪些人？首先是现任北美业务总裁约翰·斯卓普奇[一]，1992—1993年的危机时期，他负责管理美国的销售队伍，在促进销售方面发挥了重要作用，帮助公司从海外业务绩效不佳导致的亏损状态中恢复过来。他极为推崇林肯电气公司的文化价值观。

加拿大分公司总裁兼CEO理查德·西夫致力于推广林肯电气的管理系统。西夫在加拿大职位的接替者约瑟夫·多利亚（Joseph Doria），现在担任林肯电气欧洲分公司总裁，他对于林肯电气公司的管理系统和海外业务拥有丰富经验。大卫·勒布朗已经证明，林肯电气公司管理系统的主要方面能够在墨西哥成功实施。

迈克·格莱斯比（Michael Gillespie）在担任林肯电气亚洲区总裁之前，曾经在该公司的全球竞争对手企业工作过13年。除了澳大利亚分公司总经理罗伯特·李之外，运营远东业务的高管都没有林肯电气的背景。

马萨罗担任公司董事长兼CEO凭借的是扭转欧洲业务并把林

[一] 约翰·斯卓普奇（John Stropki，1951—2019），林肯电气公司CEO（2004—2012），任期内大力推进公司的全球化。——译者注

肯电气重塑为一家全球企业,他致力于在全球各国的分公司锻炼教育林肯电气公司的主要高管。但教育是双向的——斯卓普奇、多利亚、西夫、勒布朗、李以及许多与其类似的人,也有机会就林肯电气的文化和管理系统教育马萨罗。

结果有可能"两全其美"。该公司近年的绩效表明,林肯电气非常有可能顺利完成向全球企业的转型,同时保留一个多世纪以来使其实现卓越的依靠。

注 释

1. Christopher A. Bartlett and Jamie O'Connell, *Lincoin Electric: Venturing Abroad*, Boston: Harvard Business School, Case 9 – 398 – 095 (Rev. April 22, 1998): 5。
2. 出处同上。
3. 出处同上。
4. 本部分论述的相关信息分别源自1999年2月5日墨西哥分公司总经理勒布朗与作者的通信、1999年6月15日麦肯拜克与作者的通信。
5. 林肯电气公司的其他工厂也可能向拉美市场供货,林肯电气公司的政策是,为拉美和其他市场的客户以所谓市场上"最低到岸价格"供应产品。
6. 此处对林肯电气公司墨西哥分公司债效评分标准的描述,基于Scott J. Schraff, "Strategic Management at The Lincoln Electric Company" (masters thesis, Cleveland State University, 1993), 3。
7. The Lincoln Electric Company, 1985 *Annual Report*, P. 2, Cleveland, OH。

第9章 其他企业能否借鉴林肯电气永恒价值观的经验教训

21世纪初的其他企业能否借鉴林肯电气公司的经验教训？或者其经验教训对其他企业的高管有什么帮助吗？在当今这个全球竞争和技术变革加剧的时代，詹姆斯·林肯及其继任者的忠告是否仍有价值呢？显然，我认为有价值。

为了回答林肯电气公司的经验对当今经济现实是否仍有价值的问题，我将广泛引用唐纳德·哈斯廷斯的话，并对他提出的问题加以评论。哈斯廷斯最近从该公司董事长兼CEO的位置上退休，1996年6月21日在克利夫兰城市俱乐部发表的演讲中提到了这些问题。此次演讲的题目是："确保就业：当今企业的可行解决方案"。[1] 演讲的部分内容经授权摘录如下：

我一直在林肯电气公司工作，坦诚的沟通是该公司取得成功的关键。这种沟通并非高层管理者下达命令，然后以某种方式传达给员工的单向沟通。坦诚的沟通过程往往经过不断反复、相互妥协，但员工得以真正参与影响到自身的决策，所以往往富有成效。

要想取得成功，沟通必须立足于管理层与员工之间的信任。

如果你参观林肯电气公司的工厂，就会感受到信任的氛围。我相信，你也会听到若干对于工作条件、管理层、我本人或任何其他事情的抱怨。当我自己去走动时，也会听到这些。

但这些抱怨对企业有益。员工之所以抱怨，是因为他们关心企业。

因此，我一直期待着到这里与大家分享关于确保就业和激励性薪酬的观念，并向你们简单介绍一些林肯电气公司的情况，以及最近我为什么接受克林顿总统的邀请参加一个有关企业公民⊖的会议。

裁员作为企业战略的一个主要元素是否明智？一场全国性辩论正围绕该问题展开。来自白宫的邀请函写道："这次会议将汇集总统及其关键经济团队成员（由来自全国各地的各行各业领导者构成），讨论为了增加员工及其家庭的经济机会和安全，企业能以一种既有利于自身又有利于经济增长的方式做些什么。"

此次会议提出了很多好建议。总统还宣布成立以商务部长罗恩·布朗⊜命名的企业公民奖。并且我们听到了大量关于现场日托、医疗福利、弹性工作安排等旨在提高就业能力的好举措。

⊖ 企业公民（Corporate Citizenship），表达企业社会责任和道德责任的术语，核心观点是：企业的成功与社会的健康发展紧密相关，企业在获取经济利益的同时应以各种方式回报社会。——译者注

⊜ 罗恩·布朗（Ron Brown，1941—1996），美国商务部长（1993—1996），1996年4月3日访问克罗地亚时因飞机失事遇难。——译者注

这些当然都是值得奋斗的目标。但散会时我有一种感觉，这些举措都不能帮助当今人们缓解压力，消除不确定性与焦虑。我们不能自欺欺人，压力和不确定性可能是提高生产率的主要障碍，也可能是破坏家庭和社区的元凶。

真正的问题是如何给人们一定程度的保障，现在的良好绩效能够确保未来有工作岗位。当我向克林顿总统提出这个看法时，他表示不完全同意，并说"人们会犯错误"，进而补充道：当高级管理层认为企业业务过于多样化时，有时可能不得不撤销一两个部门，从而导致裁员。

在阅读了去年的一些媒体报道后，我能够理解总统为什么会有这种感觉。有些新闻杂志把我国那些致力于削减成本的高管描述为"企业杀手"。这里指的是最高管理者，他们投下了裁员的"炸弹"，裁撤了成千上万的工作岗位，如斯考特纸业公司（Scott Paper）裁员1.1万人、达美航空公司（Delta Airlines）裁员1.5万人、美国电话电报公司裁员4万人、IBM公司裁员6万人等。

根据在林肯电气公司任职42年的经验，我坚信大规模裁员通常是管理层灾难性失败的标志。因为管理层过去和现在的失误，导致企业陷入严重的财务困境时，让员工为此失去工作非常不公平。这类高管的所作所为让我不禁想起那位残暴的军事指挥官，他宣称"为了拯救那个村子，所以必须摧毁它。"⊖《波士顿

⊖ 出自美国著名战地记者彼得·阿奈特（Peter Arnett, 1934—）1968年2月7日关于越战的一篇报道，但他仅透露此话出自一名美军少校之口，从未指出具体是谁。——译者注

环球报》在一篇评论文章中写道:"对员工说再见是一门科学",真令人感到悲哀。在这篇评论文章中,作者引用了一家职业介绍公司副总裁的话:"如果计划得当,企业也会减少意外事件的发生。"接着此人自豪地宣称:"在我的整个职业生涯中,只有一个人因被裁员而心脏病发作。"

接下来这篇评论多处引用了威廉·莫林(William J. Morin)关于这个议题的重要文章《成功的终结》(*Successful Termination*)。围绕如何解雇员工,莫林在这篇文章中给出了事无巨细的指导,他说:"以往高管往往对裁员感到内疚,如今已经习惯了解雇员工,负疚感日益淡化,逐渐认为裁员一种生活方式。"

11月,莫林由于和雇主发生争执而被解雇。

在过去的10年中,林肯电气公司及其员工惊讶地看到,数百万人丧失了一度似乎有保障的工作,同时华尔街却以推高股价的方式向裁员者致敬。在许多情况下,贪婪战胜了需求……

特别值得我们自豪的是,截至1995年,林肯电气公司已经长达48年没有因为岗位不足而解雇任何一名员工……

当企业通过大规模裁员来应对经济衰退时,其方方面面都会受此影响。当大量员工被解雇时,不可避免地会出现人才和经验的流失。正如许多人所言,企业的记忆会丧失。设想一下员工接受培训,然后被解雇造成的投资损失吧。

最重要的是,裁员会导致员工失去安全感,对管理层丧失信任,生活陷入困境,家庭和社区被摧毁……

现在,我们需要抛弃时常从劳工领导者、企业负责人、政府官员、媒体那里听到的相互推诿言辞。毕竟管理层和股东实际上是站在同一条战线上，企业的经营状况与他们有直接利害关系。因此我们应该设法维护所有人的利益，而不是考虑以某群体为代价帮助其他群体——长远来看，后者损害所有人的利益。

我们不需要裁员，需要的是创造力。

我们不需要认命，需要的是灵活性。

尽管自19世纪80年代以来世界已经发生了翻天覆地的变化，体力、脑力、态度方面的基本条件在那时能造就一名好农夫、铁匠或马车制造者，现在同样能够造就一名好员工。当今员工从事的工作可能完全不同于19世纪80年代的工人，但做好这份工作所需的基本条件是相同的。管理层需要有足够的创造力和灵活性，才能在受雇员工身上发现这些条件，并挖掘其最大的潜力。

"确保就业政策"的作用就在于此。确保就业不是一项基本权利⊖或赋予权利⊜，而是一项奖励、一种加强企业与员工之间联系的互利协议，促使员工认识到努力工作和保持忠诚的巨大价值，并通过未来进一步做贡献来改善自己的境况。

确保就业并不意味着奖励懒汉或无能之辈，而是给员工提供保障。他们为企业和工作岗位付出了一切，兢兢业业地工作，运

⊖ 基本权利（right），任何人或机构都无权随意剥夺的个人基本权利，例如英国近代启蒙思想家洛克在《政府论》中强调的生命权、自由权、财产权。——译者注

⊜ 赋予权利（entitlement），通常是指政府赋予公民的权利，如受教育权、社会保障权等，需要说明的是，赋予权利的增加不必然会捍卫基本权利，反而可能损害后者。——译者注

用更先进的技能和知识不断改善工作质量，提出富有成果的新想法，但在当今世界，他们的整个职业生涯可能被砍断，如同成千上万其他员工一样被公司不分青红皂白地解雇。

现在，你们认为哪种情况是正确合理的？是相互信任、彼此忠诚的氛围还是人人距离断头台只有一步之遥的情形呢？

企业应该给员工的不仅仅是一个工作岗位，而是一个为自己和家人创造美好生活的机会。难道这不应是企业公民的主要目标之一吗？立足于这些原则，员工将努力地、高效率地、充满热情地工作，并且由于客户服务是衡量企业成功与否的最终标准，在这样的企业中员工将始终把注意力集中于满足客户需求。

即使提高"就业能力"的观念，我想也只是意味着培训员工，以便他们为万一被解雇做好准备，这就像把橄榄球交给一位没有任何阻挡投球的队员保护的跑卫。把自己的大部分生命奉献给工作岗位的员工，需要且应该以确保就业的形式得到保护。林肯电气公司目前有94个不同的培训项目，这些项目并非为了让员工做好被解雇的准备，而是为了给自己和企业实现更突出的工作绩效。

我认为，确实该好好思考未来的举措了。我们需要找到创造性解决方案，来取代把裁员视为解决公司难题的灵丹妙药的观念。管理层的责任就是找到这些方案，预先制定计划，能够灵活地应对新情况。这也是管理层的全部任务。

尽管我认为裁员太粗暴而不能纠正错误，但我不认为企业的成败仅仅是管理层的责任。相反，企业的成败还与员工的生产率、才能与忠诚有关。

诚然，管理层有许多方法可以发挥员工的优势，但当问题的症结是绩效时，只有员工本人才能解决。

这就是企业每位成员应该在经济形势好的时候分享利润、经济形势不好的时候共渡难关的原因。当你解雇员工时，他们实际承担的责任显然与其应该承担的责任不成比例。

在林肯电气公司，我们已经发现激励奖金、计件工资制与确保就业有助于确保薪酬公平，所有付出能够得到相应的回报。薪酬依赖于生产的成果。工作更加富有成效的员工应该得到高于平均水平的薪酬。

我们明白，企业不能100%确保终生就业。据我所知，任何企业都做不到这一点，唯有满意的客户能做到。

但我们能够确保，无论企业的业务多么不景气，入职3年或3年以上的员工每周至少可以工作30小时。

在生产高峰时期，我们对员工的要求更高。这不仅公平，而且必要。

20世纪80年代初林肯电气公司的举措，充分代表了公司为避免裁员做出的努力。那些年林肯电气公司的日子并不好过，飙涨的通货膨胀率、剧增的能源成本以及全国性经济衰退，都对我们产品的行情形成冲击。公司的销售长期强劲而稳定，但在那18个月内下跌了40%。

林肯电气公司如何应对这种形势呢？我们把大量生产性员工调整到销售部门。同样一批员工，在前些年成功地满足旺盛的需求，现在努力创造新需求。凭借掌握的生产知识，他们擅长从事销售，能够为公司吸引新客户，最终帮助公司增加产量、走出衰退。

再强调一遍,关键在于创造力和灵活性,也就是管理层提出创造性解决方案,员工必须灵活地贯彻落实。

确保就业不应被视为一项权利或谈判筹码,也不应作为竞争加剧的牺牲品而被抛弃。如果我们把"确保就业"视为有待争取的事物,那么人人都应该有机会得到。确保就业不应该作为礼物送人,也不应该被偷走。

在今天的商业环境中,我们要想得到任何广泛的"确保就业政策",唯一方法就是改变对塑造良好管理的因素的认识。我们不应该推崇那些裁员的企业,而应该把其行为视为承认经营失败,这才是实情。

在本城市俱乐部,代表一家大型工会的前一位演讲者雄辩地建议:

承认基本人权。再造美国优势。重在产品质量和竞争力。培训全部员工。确保员工在企业决策过程中的发言权。避免而不是激起冲突。提供信息和教育。尊重员工并给予他们公平的利润份额。

任何人都不应对此持有异议。这些建议向来是林肯电气公司取得成功的基石。确保就业仅仅是一项综合薪酬计划的一个重要组成部分,该计划是公平的、有效率的、富有成效的、有利可图的,需要信任、合作、忠诚、创造力才能够发挥作用。这是显而易见的常识,并且确实效果显著。

哈斯廷斯提出的问题

哈斯廷斯是林肯电气公司的第五任 CEO，最初由詹姆斯·林肯从哈佛商学院招入麾下。于 1996 年结束了 CEO 任期，并由马萨罗继任为第六任 CEO。正是在哈斯廷斯的任期内，林肯电气公司走过了自己的百年诞辰，海外业务更加合理化，销售额突破 10 亿美元——这是三项令人瞩目的成就。

当我读到哈斯廷斯的上述演讲稿时，被两人（唐纳德·哈斯廷斯和詹姆斯·林肯）思想的一致性深深震撼。哈斯廷斯在演讲中阐述的文化价值观和做法，几乎没有更改，直接源自詹姆斯·林肯。

为了展示从詹姆斯·林肯到唐纳德·哈斯廷斯时期，林肯电气公司文化价值观和做法的无缝衔接程度，我将引用哈斯廷斯在 1997 年 5 月 27 日召开的年度股东大会上的"董事长讲话"。[2] 那次会议之后，哈斯廷斯从董事长职位上退休，此前的 1996 年 11 月 1 日他已经卸任了 CEO。

哈斯廷斯在讲话中回顾了自己职业生涯中的三个转折点，它们都体现了詹姆斯·林肯及其构建的文化价值观和做法的直接影响。哈斯廷斯 1953 年从哈佛商学院毕业后，詹姆斯·林肯亲自将其招入林肯电气公司。两人在林肯电气公司的职业生涯存在 12 年的重叠期。

哈斯廷斯首先讲述了自己受耶稣基督"登山宝训"的影响，尤其是詹姆斯·林肯遵循黄金法则经营企业培训员工对自己的影响，接着哈斯廷斯用三个实例具体说明"己所不欲，勿施于人"的黄金法则是如何作为自己任职期间的座右铭。

第一个例子发生在哈斯廷斯在北加州作为林肯电气公司一名销售员的时候，他要求詹姆斯·林肯同意增加经由分销商销售的产品数量。当时该公司的做法是绕过分销商，直接面向客户销售特定型号的产品。詹姆斯先是不同意，最终又同意了，但要求哈斯廷斯"正确地对待他们"。哈斯廷斯遵照指示开展工作，结果北加州地区（一个制造业较少的地区）的销量跃升至该公司各销售区的第 2 名！

第二个例子发生在伊利诺伊州，哈斯廷斯负责的两家主要客户卡特彼勒公司和约翰·迪尔公司㊀要求林肯电气采用一种"MIG 焊接"工艺，尽管这两家客户都希望采用该工艺，但林肯电气公司原先的计划与之刚好相反。在哈斯廷斯的要求下，詹姆斯拜访了客户，并且顺应了客户的要求。结果林肯电气的 MIG 焊接工艺很快攀升至业界顶尖水平。MIG 焊接产品和相关机器的销售成为该公司未来取得成功的关键组成部分——这一切都是由于詹姆斯·林肯致力于为客户做正确的事。

第三个例子在本书第 1 章中已经提及。20 世纪 80 年代末至 90 年代初，由于迅速的海外扩张，林肯电气公司陷入财务困境，在这种形势下公司没有裁员，而是号召俄亥俄分公司员工共渡难关，提高美国国内的产量和销量。员工们积极响应号召，帮助公

㊀ 约翰·迪尔公司（John Deere），美国工程、农业、草坪机械制造商，1837 年由约翰·迪尔创立。——译者注

司渡过了财务危机。哈斯廷斯表示，他相信现如今美国企业中流行的精简和裁员理念不仅违背黄金法则，而且损害员工利益，长此以往必然损害股东利益。哈斯廷斯说："丢掉良心和灵魂的企业必将遭难。"并进一步指出，这类残忍行为代表企业管理层的严重失败。因此，林肯电气公司的"价值观簿"中不包括精简和大规模裁员。

历经一个世纪的成功，难道林肯电气公司不能教给其他企业高管们一些有用经验吗？我们正走在正确的道路上吗？难道没有更好的方法？这种更好的方法是如何构成的？当然，并不是所有企业都属于焊接行业，也并不是所有企业都秉持与林肯电气相同的价值观。

关键问题是，林肯电气公司与美国多数上市公司存在重要区别，具体如下：

- 公司管理层与员工长期以来高度信任彼此。
- 林肯电气公司的劳资双方经过坦诚而艰苦的正式和非正式沟通构建信任。
- 为客户服务始终是员工和管理层获得经济保障的方法。
- 在公司的管理过程中，持续的员工开发和持续提高质量和生产率始终发挥着主导作用。
- 持续就业是争取来的，而不是以家长制的方式赐予的。
- 上述特质为公司带来了令人耳目一新的创造力和灵活性。
- 公司的管理系统与管理过程符合现实和人性的需要。
- 员工的报酬基于生产率和产出的质量，既分享成果又共渡难关。

- 管理层有责任确保企业成长，持续为那些能证明自己高效、可靠的员工提供优质工作岗位。

上述做法在其他企业能够发挥作用吗？林肯电气公司的成功仅仅是"历史的偶然"吗？接下来的两章旨在阐明这些问题。

注 释

1. 此次演讲的副本可参考（Vital Speeches of the Day）62 No. 22（September 1, 1996）：691 - 693. 全文由 UMI Clearinghouse，提供 No. 173，News Publishing Co., 1996. 此处摘录内容经 permission of City News Publishing Co., Mount Pleasant, SC 29465。
2. Minutes of the Annual Meeting of Shareholders, The Lincoln Electric Company, May 27, 1997, Cleveland, OH, pp. 4 - 6。

第 10 章 纽柯钢铁公司

纽柯钢铁公司总部位于北卡罗来纳州的夏洛特（Charlotte），是美国第二大钢铁生产商，1998 年销售额约为 41.5 亿美元。该公司在 8 个州设有 19 家工厂，分别为亚拉巴马州 1 家、阿肯色州 3 家、印第安纳州 3 家、内布拉斯加州 1 家、北卡罗来纳州 1 家、南卡罗来纳州 6 家、得克萨斯州 2 家、犹他州 2 家。

安德鲁·卡内基○是美国综合钢铁厂的设计师，曾长期担任纽柯钢铁公司董事长兼 CEO 的名誉退休董事长肯·艾弗森（Ken Iverson）是"小型钢铁厂"○之父。1991 年艾弗森获得老布什总

○ 卡内基（Andrew Carnegie，1835—1919），美国钢铁大王，慈善家，1892 年正式创办卡内基钢铁公司，晚年致力于慈善事业。——译者注

○ 小型钢铁厂（mini-mill），本书中涉及纽柯钢铁公司时使用的"小型"并非指规模，而是指采用的技术，该公司利用电弧炉融化和精炼废钢，而不是利用高炉融化铁矿石生产钢材。——译者注

统颁发的国家技术奖章⊖。

纽柯钢铁公司现在生产的钢铁产品包括热轧钢（角钢、圆钢、平钢、槽钢、钢板、宽缘钢梁、钢坯、钢管桩、坯料、异型坯钢）、冷精轧钢、钢托梁和大梁、钢甲板、钢紧固件、钢磨球等。

热轧钢主要利用电炉、连续浇铸、自动化轧机加工废钢制造而成。冷轧钢、冷精轧钢、钢托梁和大梁、钢紧固件、钢磨球由热轧钢进一步加工而成。钢甲板由冷轧钢材制成[1]。

管理系统的相似之处

林肯电气公司与纽柯钢铁公司的管理系统有很多相似之处，纽柯钢铁公司的管理系统几乎是刻意、目的明确地模仿自林肯电气公司。下列重要特质是林肯电气公司正式和非正式相互支持子系统模型的产物：

- 信任
- 承诺
- 冲突管理
- 学习
- 系统思考

⊖ 国家技术奖章（National Medal of Technology），1980 年由美国国会设立，1985 年首次颁发，2007 年改名为国家技术与创新奖章。——译者注

- 敏捷/速度/适应性

这些相互关联的特质并不彼此排斥,尽管本书一直将其分开讨论,但它们往往重叠和相辅相成。

纽柯钢铁公司的管理系统同样孕育了上述特质。每家工厂都有一支积极进取、富有成效的员工队伍;物美价廉的产品和完善的服务创造了忠诚的客户;长期致力于需要先进技术的业务;以及长期获得丰厚利润的历史,并且每家工厂在业内都是低成本生产商。

纽柯管理系统制胜的因素

与林肯电气公司类似,纽柯钢铁公司的成功可以归因于多种因素,但其中三个因素尤其值得注意。

首先也是最重要的因素是,纽柯对员工的信念以及尊重员工,这反过来又支持一种相互依存与合作的环境。纽柯高度重视员工的潜力,在管理学中这通常被称为Y理论。[2] 如果你仔细挑选员工,并相信他们值得信赖、积极主动、高度自主、勤奋工作、充满热情,那么你就有可能在员工队伍中发现上述品质。这当然就是纽柯钢铁公司的现实情况。此外,纽柯的管理层确实非常关心员工。

纽柯钢铁公司的管理者扮演导师角色,自视为员工工作,帮助他们变得富有成效和不断创新。一线主管和管理者通过帮助员工提高生产率来改善其经济状况,同时企业也获得最大的成功。

如诺布尔斯和雷德帕斯在一篇文章中所言:"纽柯钢铁公司

管理层的关键责任之一,是确保组织环境维持和培育员工与企业利益之间'自然而然的'潜在一致性。"[3] 上述对待员工的方式推动他们实现了自己都难以想象的卓越成就。

第二个因素是,尊重员工的纽柯管理系统成为一种强势文化[一]。纽柯的价值观体系是企业的支柱,包括但不限于公平、尊重、安全、谦逊、诚实、坦诚、自发、信任、自由、质量、简单、学习。纽柯的全部管理系统(包括角色和责任、绩效衡量、资源分配、奖励制度、决策过程)都植根于履行这些核心价值观的承诺。

上述价值观指导决策过程,帮助确保决策的出台基于公司及员工的最佳利益。如格里菲斯爵士指出的:"优秀企业之所以绩效卓越,最关键的因素在于共同信奉的价值观。"[4]

第三个因素是高管的领导力。尽管纽柯钢铁公司的成功可归因于许多因素,但所有因素发挥作用都离不开最高管理层的行动和支持。该公司的最高管理层创造了一种文化价值观和系统,其中的员工被授予权力,能够茁壮成长。最高管理层通过"言行一致"来做到这一点。他们负责鼓舞组织成员提高生产率,并在组织使命与个人目标或抱负之间创造共同点。他们还开发正式系统,并影响非正式系统的发展,从而使价值观融入整个组织中。正是最高管理层的愿景,帮助组织有机地、非正式地运营(培育、成长、演变)以迎接新的挑战。

[一] 核心价值观被组织成员广泛、深刻地接受并认同,即为强势文化。——译者注

尊重员工、强势文化价值观、高管的领导力,这三个因素为纽柯钢铁公司设计和开发的相辅相成系统提供了推动力,并且已经创造了惊人的成功。此外,正是高管的领导力始终在推动着第一和第二个因素的发展。

肯·艾弗森[5]是原子能公司[一]的前总裁,任职期间成了纽柯钢铁公司的缔造者,1972年,他在原子能公司卢卡夫特分部(Vulcraft Division)的基础上组建了纽柯钢铁公司。1999年1月1日作为名誉董事长退休之前,艾弗森曾长期担任该公司的董事长兼CEO。他认为纽柯钢铁公司的成功70%取决于文化价值观,30%取决于技术。[6]

艾弗森认为,文化价值观是"所有影响企业成员、客户、供应商之间相互关系的因素。"显然,这些相互关系由正式管理系统的设计和非正式管理系统的演变共同导致,二者进而受高管的领导力影响,并取决于后者。肯·艾弗森对纽柯钢铁公司的领导就是卓有成效高管领导力的例证。

应该指出的是,当卢卡夫特成为原子能公司的一部分时,其对于管理层和员工的激励措施已经到位并开始发挥作用。纽柯钢铁公司只是在该管理系统的基础上继续发展并不断加以完善。

纽柯的管理系统

表10-1列举了纽柯管理系统的风格与哲学概要。从中显然

[一] 原子能公司(Nuclear Corporation),纽柯钢铁公司的前身,1972年改用现名。——译者注

可以看出，最高管理层将员工置于首位的决心异常坚定。

纽柯钢铁公司时任副董事长、总裁兼 CEO 约翰·科伦蒂（John Correnti）指出：

> 以下是我的优先次序：首先要照顾好员工……如果你拥有一支忠诚、敬业、勤奋、快乐的员工队伍，他们将会照顾好客户。如果员工心生不满，那么他们会赶走客户。最后，股东会受益于完善的客户服务。[7]

表 10-1 纽柯的管理风格与哲学

纽柯钢铁公司的历程
使命与竞争战略："经济划算地建设、富有成效地经营钢铁生产设施"
合作的愿景："企业是个人自愿聚在一起完成某项使命的社区"[○]
● 纽柯关于员工的假设
—尊严/自尊——公平对待并尊重员工
—合理性/创造性——激发生产性员工的企业家精神并开发其管理能力
—诚实/道德——崇尚自由的文化价值观
—渴望学习——坦诚和授权的氛围
● 平等主义，区分管理层和生产性员工的身份象征物很少
● 强调员工开发与学习：企业的发展旨在给员工提供学习、开发、赚钱、成长的机会
● 培养辅导/团队导向的管理风格
—管理层主动寻求员工参与其专业领域的决策
—"亲力亲为"的管理风格

○ 诺布尔斯（Nobles）和雷德帕斯（Redpath），《以市场为基础的管理》™，第 106 页。——原书注

(续)

纽柯钢铁公司的历程
• 服务于领导力的管理风格
—管理层谦逊与诚实
—管理层认为自己的作用是帮助员工发展与成长
—管理层和生产性员工之间的相互尊重与信任
• 利益相关方的先后次序：员工、客户、股东
• 以市场为基础的管理 VS. 命令控制型管理风格
—21 项独立运营的业务
—公司总部提供很少服务
—相信自发秩序[一]会产生更优成果
• 强调全体员工的企业家精神与创新：承担风险，对错误高度宽容
• 没有工会或从业规则。遵循四项原则治理员工关系：[二]
1. 管理层有义务采取使员工有机会根据生产率获得收入的方式来管理公司
2. 如果员工把工作做好，未来就会有工作岗位，他们应该对此有信心
3. 员工有权利受到公平对待，并且必须相信会得到公平对待
4. 当员工认为自己受到不公平对待时，必须有申诉渠道
• 随着公司的发展壮大，管理层面临保持原有文化价值观的挑战

科伦蒂和艾弗森都相信，如果员工和客户感到满意，股东自然而然就会得到丰厚的回报，纽柯钢铁公司的情况历来如此。科

[一] 自发秩序（Spontaneous order），奥地利经济学派的核心概念之一，被定义为"人类行为的结果，但不是人类设计的产物"。——译者注

[二] 纽柯钢铁公司，《纽柯钢铁公司的历程》，北卡罗来纳州夏洛特，第 6 页。——原书注

伦蒂和艾弗森都致力于下述理念：企业的长期生存将使股东、员工和客户均受益。因此，他们对投资者为公司设立的各类短期目标并不十分热心。

纽柯钢铁公司向来主张，从事钢铁生产的员工才是主导者。《新钢铁》杂志的执行编辑亚当·瑞特将纽柯管理层对员工的态度总结如下：

> 提高股东的收益是钢铁业的时髦口号。但是，当管理层声称公司首先要对股东负责，而不是对车间里那些挥汗如雨的人负责时，电弧炉旁的员工会怎么想？他们怎么会努力多制造产品？[8]

所以，纽柯钢铁公司高度信任员工，当然，对诚实的承诺也有助于建立信任。有了信任，员工就会获得广泛的自治权。这反过来又创造了一种鼓励人们冒险改进设施和工艺的氛围。纽柯工厂的新员工必须由年长员工"纽柯化"，这意味着他们必须学会彼此信任并信任管理层。此外，员工必须不断寻找机会来改进工厂和各类设施的运作以增加产量。

最高管理层表现出一种服务于领导力的管理风格，自认为是在为6900名员工工作，帮助他们把工作做得更好，同时帮助他们学习和成长。犯错往往是学习和成长过程必不可少的一部分，对错误宽容是纽柯冒险文化的一部分。

最后，纽柯的管理风格非常"亲力亲为"。纽柯是一家专注于生产高质量、低成本钢铁和钢材产品的企业，整个管理团队注重处理运营中的现实问题。因此，该公司并没有招聘太多MBA毕业生，并且形成了一种轻微的招聘偏见。最高管理层认为，多数 MBA 毕业生对这种要求"亲力亲为"的企业不感兴趣,因为该公司强调的重点是钢铁产品的产量与质量。此外,纽柯非常看重人际交往技能,MBA 毕业生往往缺乏该技能。

这种管理哲学和管理风格完全一致,支撑着公司的基本结构。表 10-1 概括了管理风格与哲学子系统中的所有要素。

基本结构

纽柯钢铁公司设有 8 个自治的业务单元,每个单元都是一个利润和投资责任中心。这些单元分别是:

纽柯钢材单元

纽柯冷精轧钢单元

纽柯钢磨球单元

纽柯钢紧固件单元

纽柯建筑系统单元

卢卡夫特单元

纽柯—大和钢铁公司

纽柯轴承产品有限公司

此外,1992 年纽柯在西印度群岛的特立尼达(Trinidad)㊀兴建碳化铁工厂。[9] 该工厂于 1994 年完工,但由于机械工艺遭遇困难,"直到 1996 年第一艘装载碳化铁的轮船才驶往美国。"[10] 1996

㊀ 特立尼达(Trinidad),西印度群岛东南部岛国特立尼达和多巴哥的一个岛屿,靠近南美大陆。——译者注

年,该工厂开始生产碳化铁供应纽柯的"小型钢铁厂"生产钢材产品。碳化铁可以转化为金属,进而代替生产钢材时作为原材料的一部分废金属。相比于生产过程中被取代的废金属,碳化铁的优点在于生产成本更低。新工厂落户特立尼达有很多原因,最主要的是此地有大量碳化铁供给。该公司经过谈判,获得了特立尼达和多巴哥共和国"永久免税地位"。[11]

然而,此次尝试后来显示并不划算,1998年,林肯电气公司暂停了该工厂的运营。这也体现了纽柯钢铁公司高风险高回报的文化价值观。碳化铁和废金属从未被用于小型钢铁厂,纽柯尝试了但以失败告终!承认失败也是纽柯文化价值观的一部分,与以前在采用新技术时取得的成功同样如此!

纽柯钢材单元

纽柯钢材单元下设8家利用废金属生产各种钢材产品的小型钢铁厂。纽柯生产的商品类钢材产品包括"栅栏、角钢、轻型构件、钢板、特殊钢材产品。"[12]

纽柯冷精轧钢单元

下设3家工厂生产轴用钢和精密零件用钢。冷轧精钢工艺的优势在于能够生产出比热处理钢表面更光滑、尺寸更精确的钢。冷精轧钢用于建筑、设备和家用电器。冷精扎钢的广泛用途在一定程度上规避了商业周期对纽柯的冲击。

纽柯钢磨球单元

仅下设1家生产周长1英寸~5英寸钢磨球的工厂。这些钢磨球在采矿业中被用来加工铜矿、铁矿、铅矿、金矿、银矿以及其他矿石。[13]

纽柯钢紧固件单元

下设 2 家专门生产螺钉、螺栓等钢紧固件的工厂。1986 年第一家紧固件生产厂在印第安纳州的圣若瑟县（St. Joe）落成，"生产六角头螺钉、六角螺栓、内六角圆柱头螺钉。"[14]

纽柯建筑系统单元

下设 2 家工厂负责设计和建造预制钢结构的建筑和钢架。商业和工业建筑是其钢架产品的主要市场，往往直接销售给建筑承包商。

卢卡夫特单元

卢卡夫特是美国最大的托梁和水平钢梁生产商，其产品用于支撑各种工业建筑、商业建筑和公共建筑，广泛用在高层办公楼、公寓和住宅中。卢卡夫特在美国 6 个州经营着 6 家工厂，其钢材购买自纽柯钢材单元。

纽柯—大和钢铁公司

1988 年，纽柯钢铁公司与日本一家领先的宽缘钢梁生产商结盟，在美国阿肯色州建设一座小型钢铁厂，成为生产"40 英寸 I 型梁"的首家小型钢铁厂。该工厂采用连铸技术，与传统生产方法相比，运用该技术生产的梁更加接近规范。该厂的建设已经完工，并于 1993 年开始运营。1997 年，纽柯公司从位于阿肯色州布莱希维尔（Blytheville）的工厂发运了超过 220 万吨钢铁产品，使得该公司成为纽柯钢铁公司最大的分部。

纽柯轴承产品有限公司

仅下设 1 家工厂生产钢轴承,用于电动机、汽车和其他包含运动部件的设备,此外该公司还生产加工钢铁零件。

基本结构的其他方面

纽柯钢铁公司的每个自治单元都会下设一家或多家工厂。每位工厂经理都是总经理,负责赚取 25% 的资产回报率(ROA),只要 ROA 达到目标,那么他对工厂的运营就享有非常广泛的自治权。原材料可以购买自纽柯的另一个业务单元,也可以从外部市场购买。这种采购决策方面的自由与授予每位工厂经理高度的自治权相一致。

工厂总经理的自治权仅存在 3 项限制:未取得公司总部同意的情况下,每位总经理不得擅自出售资产,不得从事重大筹资活动,不得有重大资本支出。此外,每位总经理都享有完全的自治权。

有人可能会问:这么多分权组织聚集在一个企业中,各工厂之间如何实现协同呢?毕竟,一家致力于成为全球低成本钢铁生产商的企业难道不应该通过各家工厂来追求规模经济吗?纽柯钢铁公司管理层对这两个问题的认识非常深刻,他们认为,对相似的各家工厂的绩效进行比较就能够实现协同,既简化了纽柯的控制系统,又节省了时间和资金!

另一种简化控制系统的方法(这次是在评估阶段)取决于"性命攸关的相似点"。两个或多个业务单元故意根据类似的路线组建，接下来某个单元的成果就能够与相似单元进行比较了。潜在的假定是，所有单元面临的外部机会和难题都一样，所以"如果达拉斯的单元能够做到，为什么你们不能？力争上游的自豪感让每位总经理都努力让自己在同行中显得更优秀。"[15]

这正是纽柯钢铁公司采取的策略。每年召开3次会议，并且每月对各工厂的绩效加以比较，形成了来自同行的非正式压力，激发各单元提高生产率、降低成本、改进质量。高产量是降低成本的关键，而同行的压力被用来提高产量。此外，纽柯钢铁公司鼓励共享最佳做法，以便所有工厂都能从其他工厂的创新中获益。为了使这个简化的控制系统成功创造来自同行的压力，就需要建设多家性质相似的工厂。

纽柯钢铁公司非正式组织的独特之处在于，不仅没有官僚主义色彩，而且强调员工的自由，从而锻炼员工快速完成工作的能力。这种所谓"混乱"付出的代价是，在没有广泛监督的情况下员工和管理者经营工厂容易犯错。公司总部缺乏强有力的参谋部门，最大限度地限制了纽柯公司在采购、运输等可能实现规模经济的领域实现规模经济的能力。纽柯的最高管理层坚信，非正式系统比正式系统更重要，对公司的成功承担更大的责任。

实际上，纽柯钢铁公司是在权衡自治、授权、速度、敏捷、灵活性等带来的收益与潜在的规模经济带来的收益。管理层已经得出结论，就其产生的激励效果而言，这种代价是值得的。从某种意义上讲，这与某些企业寻求成为低成本生产商的普遍做法背道而驰。就这一点而言，纽柯钢铁公司给工厂总经理授予的自治权是超出常规的,甚至是激进的。

公司总部配备少数参谋人员是遵循最高管理层授权给业务单元、工厂、员工的意愿导致的结果。实际上,位于北卡罗来纳州夏洛特公司总部的参谋人员非常少(不足 25 人),以至于根本不可能对各单元的业务进行太过深入的干预,所以纽柯钢铁公司不可能实行事无巨细的微观管理。再者,公司总部配备少数参谋人员也符合管理层给予各工厂总经理广泛自治权的意图。

纽柯钢铁公司的招聘也非常挑剔,注重应聘者是否具有自主性和强烈的工作意愿,录用那些愿意努力工作、对公司表现出强烈的承诺、享受"令人激动的比赛"、渴望赚取大量收入的人。同时,该公司对生产性岗位应聘者的教育水平没有具体规定。然而,纽柯钢铁公司鼓励所有不具备高中文凭的员工获得通识教育文凭(GED)。该公司工作环境的要求很高,因此,新工厂的人员流动率非常高。然而,纽柯钢铁公司得到的回报是,这使其能够维持非工会化的生产车间,消除了可能妨碍敏捷和适应性(普遍存在于纽柯的团队中)的从业规则。

纽柯的员工往往非常忠诚,并表现出鼓励亲友到纽柯工作的强烈意愿。事实上对在职员工而言,纽柯往往意味着侄子、叔叔、表亲以及其他亲戚的所在地。因此,在纽柯的工厂中时常呈现出美国乡镇⊖、圈子和家庭的氛围,该公司也一直在寻求立足

⊖ 乡镇(small-town),根据法国政治思想家托克维尔的研究,乡镇是美国整个社会制度的基石,"乡镇组织之于自由,犹如小学之于授课"。——译者注

于"美国乡镇价值观"。

纽柯钢铁公司很少进行收购，其原因既与技术有关也与员工队伍有关。潜在的收购对象往往采用较老的技术，纽柯必须对其进行重大升级改造。此外，潜在收购对象的员工往往是工会会员，所以经常问题重重。纽柯钢铁公司希望经营非工会化车间，员工积极性高、工作努力认真，这就导致该公司偏爱建设新工厂，且强烈倾向于把工厂建在乡村地区，雇用当地具有强烈工作意愿的人。在乡村新建工厂的土地成本和建设成本低于都市，此外，员工的生活成本也更低，无形中增加了员工的"实际收入"。

为了确保这些新工厂被"纽柯化"，纽柯钢铁公司会向新工厂的各层级调动大约30名老员工。生产性员工在当地雇用。尽管该公司非常强调从内部提拔管理者，但也可能从其他钢铁公司聘请中层管理者。接下来，向新招聘的员工和管理者展示所谓"纽柯方式"就成为内部提拔的管理者和调动来此的老员工的任务。他们的工作是让新招聘的员工和管理者相信，尽管纽柯的文化价值观和管理系统往往与之前的工作场所截然不同，但确实能够发挥作用。

尽管该公司的每家工厂都试图奉行相同的文化价值观，但还是会表现出自己的特点。从没有最高管理层企图在工厂内强行灌输纽柯的文化价值观，但每位信奉的人会以身说法让人们相信其卓有成效、正确合适。管理层强调"什么是正确的"而不是"谁是正确的。"

团队是纽柯工厂的正式结构。每周奖金制度会对团队实现高水平的生产率和质量提供强有力的激励。团队也有助于解决难题。下文中我们将要审查的生产率统计数据，证实了纽柯钢铁公司的团队和激励结构卓有成效。在接受国家技术奖章时，艾弗森高度赞扬了纽柯员工的适应性："我们最宝贵的资产就是一支能够快速解决存在的问题、并使技术发挥作用的员工队伍。"[16]

最后，纽柯的基本结构使其能够以一种远比竞争对手有成效、有效率的方式来管理项目。相比于项目经理把运营工厂的责任转移给其他经理，若采取纽柯的管理方式，每位项目经理都会与项目成果有更多利害关系。经理要对 25% 的资产回报率（ROA）负责，因此他们非常关心工厂的成本、进度、质量和完工时间。

纽柯公司的项目管理方式导致的结果是，该公司能够建造"每吨成本位于 200～500 美元之间"的小型钢铁厂，"相比之下，综合钢铁企业采用的工厂每吨成本高达 1400～1700 美元。"[17] 表 10-2 列出了纽柯钢铁公司完整的基本结构。

表 10-2　纽柯钢铁公司的基本结构

组织结构
• 扁平化的组织结构—四个管理层级—精简的指挥链
—董事长/副董事长/总裁
—副总裁/总经理
—部门经理
——线主管/专业人员
—按小时计酬的员工
• 9 个高度自治的业务单元
—每位总经理负责业务规划、市场营销、销售、产品定价、研发、人力资源

(续)

组织结构
—良好的资产回报率（ROA）有助于提高工厂总经理的自治
• 业务单元内部的员工高度自治
—高度自治的员工
—自发秩序，而不是受控秩序
—非官僚主义行为，高水平的非正式交流
—没有"愚弄"和"计谋"，没有从业规则——员工只做必要的事
• 业务单元很少得到参谋人员的直接支持
—企业总部的参谋人员很少
—总部的参谋人员从事技术、项目管理、研发、财务、技术评估
—工厂具有很强的自主性
• 精挑细选的招聘过程
—在美国的乡村地区设立工厂
—录用符合纽柯文化价值观的人
• 强调团队合作、相互支持、立即解决问题
—项目团队由20~40名生产性员工和1名主管/协调员组成
—团队成员以灵活的方式开展工作
—没有岗位描述
• 新工厂的项目经理担任工厂总经理
—多个组织方式相似的工厂
—项目管理过程"有组织的混乱"，但比竞争对手节省了大量成本
—纽柯钢铁公司项目管理系统的关键是让员工获得自由的价值观
—项目经理的支出权限为100万美元
—项目经理可以给供应商提供奖金

(续)

责任衡量的方法
• 要求工厂总经理的资产回报率（ROA）达到25%
• 钢铁产品根据调拨定价在不同工厂之间转移
• 在生产率和质量衡量方面高度强调团队合作
非正式的组织关系
• 非官僚主义的行为
• 鼓励员工根据需要扮演新角色来解决问题——没有限制具体任务的从业规则
• 高水平的非正式交流
• 非身份导向——几乎没有传统的高管津贴
• 工厂之间为提高生产率和控制成本而展开竞争

注重信任、广泛的正式和非正式沟通、"门户开放政策"、严密申诉程序的协调与整合子系统，与公司的人性观、服务于领导力的管理风格相互匹配。我们审视协调与整合子系统显然可以发现，纽柯钢铁公司对员工"言行一致"，结果造就了低流动率、高生产率的员工队伍。表10-3列出了纽柯正式和非正式的协调与整合机制。

表10-3 纽柯钢铁公司的协调与整合机制

• 高度的坦诚与信任
• 强调自发秩序
• 总经理与最高管理层构成的委员会
• 制定规划和资源分配过程中没有计谋，也没有愚弄
• 工厂管理层与员工定期开会讨论绩效和难题

(续)

- 每季度在总部召开一次总经理会议,审查绩效并制定未来的规划。会议上经常会发生激烈冲突,但只要出发点是为了公司整体利益,那么这些冲突就会得到鼓励
  - —存在资本限额的情况下,开会决定哪些基本工程项目得到资金
  - —开会决定预算和资本预算
  - —开会决定管理系统的任何变动
- 申诉程序为员工提供了申诉的渠道
  - —员工申诉程序可以从一线主管到部门再到公司总部,直到申诉得以解决
- 最高管理层面向生产性员工和中层管理者"门户开放"
- 广泛的正式与非正式沟通网络
- 知识系统的生成与使用有助于不同工厂之间的协调
- 大量工作轮换和交叉培训,以便员工能够完成多种任务
- 大量培训项目
- 20~40 名成员构成的跨职能团队是工厂的基本运作模式
- 每 3 年进行一次员工意见调查
  - —随机药物检测和因违反药物规定而被强制解雇等已经引起重大的政策变化
- 目标导向和高度自治的员工——善于当场自己解决问题的员工
- 呼吁尊严、理性、创造力、公平分工、诚实,使员工自然而然地与管理者、客户、股东的利益保持一致

纽柯钢铁公司奖励与赞誉系统中最值得注意的是面向团队的每周奖金,与基本工资相比,这笔奖金的数额相当大。虽然林肯电气公司的激励结构更加注重个人,但纽柯钢铁公司的奖励要更加丰厚。但是,纽柯钢铁公司的基本工资略低于钢铁行业的平均

水平。另外,纽柯钢铁公司的每周奖金能达到基本工资的100%~200%,具体数额取决于团队"符合规格"的产量。1996年,纽柯旗下每家工厂生产性员工的工资加奖金的平均数额约为60000美元,这与同时期林肯电气公司员工的收入总额大致相等。

纽柯钢铁公司奖励与赞誉子系统始终秉持对产出进行公平分配的理念,把纽柯塑造为全球最卓有成效的制造型企业之一!毫无疑问,公平分配和高生产率并不矛盾。纽柯钢铁公司是美国甚至全球每吨钢铁成本最低的生产商。

考虑到纽柯各工厂的成本结构,该公司面向团队的每周奖金制度显得尤为重要。实际上,纽柯的小型钢铁厂中可变成本⊖在总成本中占的比例要低于综合钢铁厂,也就是固定成本⊖占的比例更高。例如,每年电弧炉运行所需的电力固定成本约140万美元,所以增加产量对降低每吨钢铁的平均成本至关重要。

纽柯钢铁公司制定生产性员工的奖金标准时,会参考各小型钢铁厂以往生产水平的详尽记录,此外,还采用设备供应商提供的实际年产能估计值。来自供应商的基准估计值被赋予了很高的权重,尤其是在采用新技术的情况下更是如此。纽柯公司根据超出设备基准产能的,每吨"符合规格"的额外产量支付给员工奖金。

这种激励系统反过来又促使员工努力提高每台设备的产能,

⊖ 可变成本(variable cost),总量随业务量的变化而呈固定比例变动的成本,如原材料、燃料、计件制工资等生产要素。——译者注

⊖ 固定成本(fixed cost),在特定事件和特定业务量范围内,其总量不受业务量变动的影响而保持不变的成本。——译者注

导致员工尝试重新设计生产设备以提高产能。所以，生产设备基本上由员工予以"纽柯化"。此处再次涉及特定工厂中不同团队之间的同行压力，这与不同工厂之间的同行压力如出一辙。

只要员工能够正常履行岗位职责，纽柯钢铁公司就给予持续就业的郑重承诺。关于工作时间超过 10 年的员工的解雇决策，被视为"良心"决策，由公司总部做出。即使在周期性业务部门，公司也非常重视员工的收入保障。

纽柯的员工在面向团队的生产系统中工作是非常辛苦的。尽管在生产团队中工作的员工最高年龄是 82 岁，但随着年龄的增长，许多员工会调离生产团队，到纽柯工厂的其他岗位，从事要求不那么高的工作。当然，这些岗位的薪资也更低。调查显示，上了年纪的员工只要完成了自己最重要的财务责任，就到了重视空闲时间胜过金钱的人生阶段。

纽柯钢铁公司的非正式奖励也非常引人注目。例如，模范员工会收到一件皮夹克作为奖励。纽柯每 3 年对所有员工进行一次调查以评估其满意度。在以往的调查中，只有 15% ~ 17% 的员工对工作岗位的某个方面不满意。管理层根据这些调查反馈的信息及时解决员工真正关切的问题。

工厂经理和公司其他管理者的激励性薪酬取决于表 10-4 所示的资产回报率和股本回报率。工厂经理的奖金额高达其基本工资的 90%。每家工厂中的所有非生产性员工都参与一个奖金计划，该计划与工厂经理奖金系统的同一个资产回报率目标相关联。这类员工的奖金大约相当于工资的 32%。

表 10-4　纽柯钢铁公司的奖励与赞誉子系统

- 强调公平分配公司的产出
- 所有生产性员工实行激励性薪酬
  —根据生产率支付
  —生产性员工的每周奖金平均为基本工资的 100%~200%
  —根据团队的努力来确定奖金
  —根据生产的数量和质量来支付奖金
  —奖金的核算考虑到产品的复杂性
- 团队内部的同行压力会促进生产率和质量的提高，并鼓励创新
- 持续就业——试用期满后如果绩效令人满意则继续受雇
- 工厂经理的激励性薪酬主要取决于其所在工厂的资产回报率
- 非生产性员工的激励性薪酬基于工厂的资产回报率
- 高管人员的激励性薪酬基于税前股本收益率高出最低股本收益率的幅度，并且 60% 用股票支付，40% 用现金支付
- 利润非常丰厚的年份，所有员工都能够获得罕见的半年现金奖励
- 利润分享计划最低占税前收入的 10%，并有 7 年的等待期
- 与之相匹配的是高达工资 10% 的股票购买计划
- 对于所有参与 401K 计划的员工，纽柯贡献出与公司的股本回报率相匹配的百分比
- 为员工的适龄后代提供大学奖学金——每人每年 2200 美元
- 纽柯公司全体员工福利平等化的趋势加强了平等主义文化价值观
- 对技艺的自豪感，尊严与自尊
- 个人的主人翁意识和团队归属感
- 工作满意感
- 每月的管理评估报告公布所有工厂的资产回报率，对不同绩效的员工和管理者分别予以非正式的奖惩

　　高管人员的奖金在公司的股本回报率达到 8% 后开始发放，

并且"上限是股东权益(或股本回报率)的24%,此时高管人员的奖金包括相当于基本工资200%的现金奖金,外加相当于基本工资100%的股票。"[18]

规划、资源分配与汇报

纽柯钢铁公司的业务具有很强的周期性,但在过去的11年中,只有1991年的销量比前一年度有所下滑,下滑幅度仅为1%。销售增长率介于1%~39%之间,过去11年的平均销售增长率为16%。"在1966—1996年期间,纽柯钢铁公司的年均复合(销售)增长率约为17%。"[19]

经股票分拆调整后的每股收益介于低点的60美分到1997年高点的3.35美元之间。在过去的7年中,不包括出售资产所得,该公司经营活动每股收益的年均增长率为33%。

鉴于生产率、成本削减与控制对纽柯在该行业中整体战略的重要性,值得注意的是,在过去11年中,每名员工的平均销售额增长了13.2%。尽管这不是衡量生产率的完美方法,但考虑到涉及时间的长度,可以假定虚假的增长波动被最小化了。这些数字证实了纽柯公司是世界上生产率最高的制造型企业之一。此外,纽柯管理层估计该公司生产每吨钢铁的单位劳动力成本大约为25美元,他们相信该成本大约是美国其他大型综合钢铁企业的一半。每吨25美元的单位劳动力成本低于从海外向美国运输钢材的成本,从而使得该公司免受工资低廉的外国劳动力竞争的冲击。这些生产率和单位劳动力成本数据导致了年销售额和每股收益的高增长率。

最后,该公司的平均股本回报率介于 1991 年 9.5% 的低点到 1994 年 22.4% 的高点之间。1987—1997 年,该公司的平均股本回报率大约为 15%。关于纽柯钢铁公司 1966—1997 年的财务绩效数据,详见本章末尾的附表 10-6 及图 10-4 至图 10-7。

表 10-5 列举了纽柯钢铁公司的规划、资源分配与汇报流程的特点。需要注意的是纽柯对技术优势的强烈承诺。这方面的三个证据是:印第安纳州克劳福兹维尔(Crawfordsville)工厂对薄板连铸技术的巨额投资;纽柯—大和钢铁公司重点采用连铸法生产宽缘钢材;在过去的 11 年中投入巨资建设和升级工厂设备。1987—1997 年该公司的资本支出总额约为 30 亿美元。最后需要说明的是,纽柯公司的资本支出遵循相当保守的会计政策。例如,"1998 年,新设施的前期运营和启动成本使得每股净收益减少 46 美分。1998 年的这类成本为 7240 万美元,相比之下,1997 年为 5970 万美元,1996 年为 8890 万美元。"[20]

表 10-5　纽柯钢铁公司的正式规划、资源分配与汇报流程

运　营
● 强大的产品技术创新与营销规划
● 工厂和小型钢铁厂选址在乡村地区
● 核心竞争力
● 经营理论——所有产品都是商品,所以关键的成功因素是低成本高质量,外加积极主动的劳动力和先进的技术
—帮助员工克服知识瓶颈,可能以设备正常产能的 140% 运行
● 保持各项业务精简、直截了当
● 内部市场体系(市场转移定价)鼓励明智的采购

(续)

规划与资源分配
• 高度重视客户满意
—定价诚实
—优质产品和客户服务
• 高度重视新工厂数目的增长：高资本支出预算和销售收入
• 公司总部负责进行总体战略规划
—建立新工厂和产品线
—引进新技术
—融资策略及实施
—确定现金流和资本需求
—帮助和鼓励那些难以实现资产回报率目标的管理者
—管理发展与接班继承
—工作时间超过10年的员工的解雇决策
—在管理团队之间收集和分享信息
• 每家工厂制定本厂的经营规划，构成整个公司的年度规划过程
—每家工厂根据所处的市场信息制定自身的战略规划
—资本投资决策方面高度分权
—各工厂自行控制成本
汇报和评估流程
• 总经理与最高管理层构成的委员会考虑和评估新产品所需的资金
• 高度重视所有工厂的成本控制和生产率
• 界定清晰的汇报流程，该流程与成功地衡量责任相关联
• 根据成本和质量来评估商品类产品
• 所有工厂共享每月的管理评估报告

汇报和评估流程 (续)
—各工厂之间共享相关信息并比较和改进
—工厂之间彼此进行竞争[一]
• 频繁的员工评估
—每周对生产性团队进行评估
—高度强调团队内部的自我控制

纽柯钢铁公司的一项关键价值观是对于保持当前最先进技术的承诺，该公司的高风险文化价值观和资本支出已经证明了这一点。纽柯公司在技术方面的卓越声誉鼓励了世界各地的供应商前来参观并向该公司管理层展示自己的技术创新。该公司的最高管理层不断评估其他企业的技术，寻找能够通过工程和制造流程加以完善的技术，持续致力于技术突破。换言之，该公司最高管理层寻找的不仅仅是微小的衍生性改进，而是那些带来突破性改进的技术理念。

附表 10-1 展示了纽柯钢铁公司 1966—1997 年的财务数据。在这段时期，该公司在肯·艾弗森的领导下从原先的原子能公司重组为现在的纽柯钢铁公司。附图 10-1 展示了纽柯钢铁公司的年度股本回报率，数据源自附表 10-1。附图 10-3 以折线图展示了每股的年收益额。附图 10-4 展示了这段时期每股收益的年

[一] 英文原文为"Plants not in competition with each other"，但显然与上下文的意思相反，所以，结合上下文此处的译文改为"工厂之间彼此进行竞争"。——译者注

度增长率。最后,附表 10-5 展示了这段时期纽柯钢铁公司普通股的股价增长率。

至此,我们已经完成了对纽柯钢铁公司正式和非正式管理系统的详细审查(见图 10-1 和图 10-2)。其中的每个子系统都遵循组织的文化价值观和管理风格,且彼此相辅相成、相互促进。此外,正式管理系统支持非正式系统,从而使彼此更加卓有成效,进一步提高了潜在的绩效。

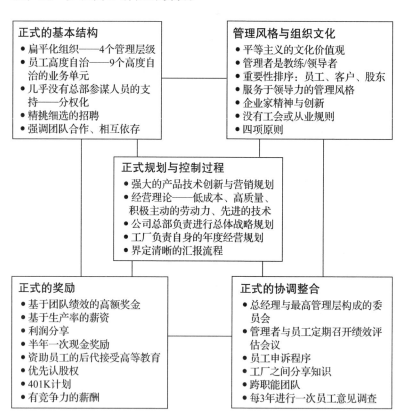

图 10-1　正式管理系统

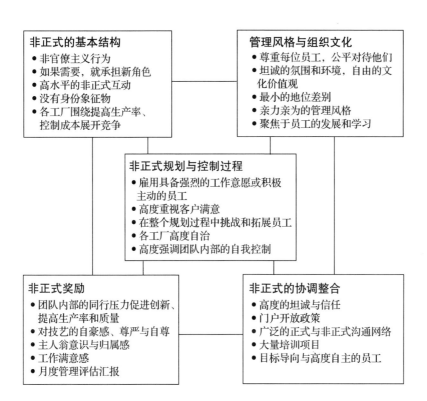

图 10-2 非正式管理系统

一般而言，正式和非正式管理系统能否提高企业绩效，取决于这两套系统是否适应公司所处的宏观环境和行业特殊环境。这是我们现在准备开始讨论的议题。

图 7-1 展示了林肯电气公司所处的宏观环境和行业特殊环境。当我们讨论纽柯钢铁公司所处的环境时，请参照图 7-1 所示。㊀

㊀ 疑应为图 6-4。——译者注

钢铁业的宏观环境

钢铁业是一个是全球性产业,因此纽柯钢铁公司的经营受到全球市场供求状况的影响。实际上,纽柯钢铁公司先前予以完善并采用的许多创新都源于其他国家。

1998年美国国内市场对钢材的需求量为1.25亿吨,比1997年增长了1.5%,是30年来的需求最高峰。钢铁广泛用于:汽车;建筑、桥梁、道路等建设项目;工业领域的资本支出项目;洗衣机等家用电器消费产品。

这些行业在1998年都有所扩张,从而增加了市场对钢铁的需求量。根据最近的估计,[21]大约:

35%的钢材用于建筑、桥梁、道路等建设项目;

25%的钢材用于工业机械的制造;

22%的钢材用于汽车、家用电器等耐用消费品。

尽管1998年美国市场的钢材需求量增长了1.5%,达到1.25亿吨,但国内供给预计将增长2.5%,达到1.09亿吨。[22]此外,随着美元走强,从亚洲国家、俄罗斯、韩国、巴西等钢铁生产国的进口量也在增加,这些国家指望通过出口走出严重的经济危机。当前世界范围内的钢铁生产能力远超市场需求。因此,预计全球钢铁价格将持续下跌,尽管美国国内市场的钢铁需求量上升,但所有国内生产商仍会面临压力。

美国的钢铁产能经过近20年的调整,已经从1.6亿吨下降到大约0.95亿吨,由于纽柯钢铁公司开创的小型钢铁厂具有较高的成本效益,所以美国国内的钢铁产能开始再次扩张。纽柯钢铁公司已成为美国排名第二的钢铁生产商，同时也是钢铁行业市值最高的公司。[23]

从有利的方面看，小型钢铁厂技术的进步降低了生产成本，使得纽柯这样的公司有可能在应对不断下跌的价格的同时获得稳定利润。然而在当前的市场环境下，纽柯钢铁公司过去经历的增长模式将难以持续。

企业需要认识到宏观环境中的困难。预计美国市场的需求量为 1.25 亿吨，国内市场供给量为 1.09 亿吨，进口 0.31 亿吨，显然，美国国内市场供给过剩。由于日本最大的钢铁出口市场——中国，受到大量经济问题困扰，导致对日本钢铁的需求大幅下降，使该问题变得更加复杂，进一步增强了日本钢铁生产商向美国市场出口的动力。在 1998 年上半年，日本对中国的钢铁出口下降了约 13%，而对美国的钢铁出口增长了超过 170%。[24]

反倾销法与潜在的美国政府干预

随着俄罗斯、日本、韩国和巴西各国陷入经济危机，钢铁企业的高管纷纷指责出口国企业违反了反倾销法。倾销是指以低于生产成本的价格销售钢材，或者在国内外市场收取不同的价格。

由于美国国内钢铁企业受到威胁，国会和总统可能会启动反倾销法来惩罚违反者。1974 年美国国会通过了《1974 年贸易法》，1988 年美国国会通过了《综合贸易与竞争法》。根据《1974 年贸易法》第 301 条款，总统被授权纠正损害美国企业的不公平贸易行为。美国国会制定的这两项法案相互配套，使总统及其内阁有能力限制进口，提高关税，并限制从违反公平贸易的

国家进口。²⁵

美国钢铁业人士正在游说,要求对"廉价进口产品"征收关税,或者为每个出口国设立进口配额。为了支持该主张,钢铁业人士指出:"1998年10月美国进口了102.9万吨¹热轧板,比上一年度增长了103%。"²⁶

鉴于美国不希望亚洲、俄罗斯、拉美各国的经济进一步衰退,最有可能出现的情况是:美国商务部与上述钢铁出口国谈判达成自愿配额。

子环境:产品、市场与技术

对纽柯钢铁公司而言,宏观环境要素非常重要,必须予以密切监测并据此做出适当的调整。此外也有大量特殊因素(比如产品、竞争、技术、人员等)会影响纽柯的各家工厂,这些因素至少与宏观环境要素同等重要。

纽柯钢铁公司应对国内外竞争的战略向来是把产能提高到100%,以实现规模经济并提高生产率,接下来的战略是降价。1998年6月至12月,纽柯钢铁公司先后采取了3次行动,各降价25%。²⁷纽柯管理层认为,该公司是世界市场上的低成本钢铁生产商之一,尽管必须应对糟糕的汇率问题,但仍相信能够成功地贯彻这种定价和生产率战略。如果成功,就可迫使效率较低的生

⊖ 原文为"1,029 mt",直译为:1.029亿吨,结合上文美国进口钢铁总量为0.31亿吨的数据,此处应为印刷错误,正确数据为"1.029mt",即102.9万吨。——译者注

产商退出市场。

作为该战略的一部分,纽柯钢铁公司正在北卡罗来纳州的赫德福德县(Hertford County)建造一座产能为120万吨的厚钢板生产厂。技术进步将在提高生产率的同时降低成本。如果该公司能够继续以全球低成本钢铁生产商的身份运营,那么它就能够挺过此次钢铁价格的普遍下滑。

现如今纽柯在美国钢铁市场的份额不足10%。在这种特殊环境下,要想大幅增长(比如实现规模翻番)就必须抢走其他国内钢铁生产商的份额。

然而,当前进口钢铁产品只与40%的纽柯产品存在竞争。纽柯钢铁公司其余60%的产品用于建筑和消费品市场,尚未受到进口产品的冲击。[28]

另一个特殊因素是原材料价格。纽柯的小型钢铁厂利用废钢生产钢铁,由于亚洲经济衰退,废钢价格处于数十年来的最低水平。

废钢价格的下降、发挥工厂100%产能的高生产率以及小幅回升的钢铁价格等因素共同发挥作用,预计可以抵消1998年该公司降价对利润的冲击。

综合控制论管理过程

图10-3是纽柯公司通过员工绩效来满足客户需求的综合控制论管理过程示意图。按照卡普兰和诺顿建议的模式,图10-3可以被指定为满足每个单独的利益相关方(或所有利益相关方)需求的内部管理过程。[29]

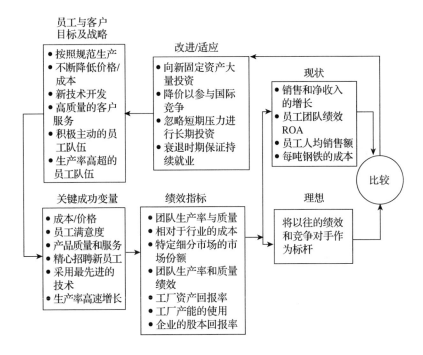

图 10-3 综合控制论管理过程

孕育敏捷和适应性的重要特质

正如我们在林肯电气公司所见，6 个重要特质高度相互依赖，但在敏捷管理模型中，信任是成功的动力机制的关键。一旦组织中产生了高度信任，那么就相对容易获得员工的承诺，进而增强组织以建设性方式管理冲突的能力，从而在做出艰难决策时不会破坏人际关系结构。学习是员工在非正式关系和跨职能团队的背景下解决问题时彼此互动的副产品。跨职能团队、工作轮换、管理层与员工的广泛沟通与教育都鼓励了系统思考。这 5 种重要特质与敏捷的形成有密切关系。

关于动力机制的下一个问题是：两个敏捷源（高管的领导力；正式与非正式管理系统）如何孕育了对组织的成功有重大贡献的 6 种重要特质？

重要特质：信任

"信任是在一个有规律的、诚实的、相互合作的社区中产生的预期，立足于内部所有成员共享的规范。"[30] 纽柯钢铁公司对信任的定义与其信念相呼应，管理层相信"企业是个人自愿聚在一起完成某项使命的社区。"在这个命题中，信任首先表现在措辞的选择上，进而通过行动来体现。

- "社区"意味着一种互惠互利的共存。
- "自愿"承认人们是能够自由选择的思考者。
- "使命"意味着吸引群体成员采取团结一致的行动。

纽柯钢铁公司信守承诺，保证能够正常履行岗位职责的人可以持续就业。这绝非小事一桩，艾弗森非常认真地把持续就业作为创造信任的重要因素。

看看美国企业的员工通常都能得到些什么。

多数人没有工作保障。员工的切身利益往往远不如股东和高管的利益。无论员工多么努力地工作，无论企业在未来多么需要他们，当上述切身利益与股东和高管的利益发生冲突时，员工就会丧失工作。这就是为什么在历史上最持久的经济扩张时期，许多人仍然被经济衰退的幽灵和残酷的大规模"裁员"梦魇所困扰,也是为什么即使管理层想方设法重建信任的基础,仍有大量员工对此深表怀疑。毕竟,以往正是管理者首先摧毁了信任的基础。[31]

纽柯钢铁公司管理层赢得信任的方式,是在团队成员之间、管理层和员工之间缔造一个坦率沟通的系统。管理层不会因为员工犯了错误,或者指出问题和机会而施加惩罚。这种高度信任和坦诚,表现在员工愿意坦率地讨论以往的错误而无须担心后果。

纽柯钢铁公司的扁平化组织结构和"门户开放政策"促进了管理层与员工之间坦率沟通。决策往往由组织中尽可能最低的管理层级做出。分权化证明最高管理层高度信任员工的判断力。

定期召开的员工会议保证了沟通渠道畅通,从而减少了猜疑,培育了信任。员工有渠道向管理层提出问题、批评与建议。此外,如果员工认为企业的某些行为违背了信奉的文化价值观,那么员工申诉程序将明确指出采取行动的步骤。申诉程序是公司的核心文化价值观之一。

通过把"诡计成本"和"敷衍"最小化,纽柯的管理层创造了一种理性诚实、实事求是的氛围。这方面一个简单但重要的表现就是该公司没有考勤卡。通过取消考勤卡,展现了管理层对员工的信任,员工则有义务做出负责任的、实事求是的回报。

纽柯钢铁公司与林肯电气公司一样,通过工资、奖金、激励、股票期权等方式公平地分配经济奖励,进一步增进了员工与管理层之间的信任。

重要特质：承诺

成员共享组织目标的程度与承诺密切相关，也与信任紧密相连。信任的几乎所有方面都有助于强化承诺。

纽柯钢铁公司想要雇用的是那些积极主动、自立自强、怀有强烈工作伦理的人，因此，已被其雇用的员工往往怀有强烈的自律意识，倾向于对公司做出承诺。

纽柯钢铁公司管理层发自内心尊重员工，消除员工之间任何形式的歧视进一步强化了这种观念。即使在经济低迷时期，管理层也努力为员工提供工作保障，这有助于强化员工的承诺。正如我们所知，工作对人的尊严有重要贡献，其意义超越了经济层面。

在需求的非高峰时期，管理者可能减少每周的工作天数，或者把员工调整到工厂维护等其他岗位。在这种情况下员工只能拿到实际工作时间的基本工资，但至少他们笃信自己有一个饭碗。这些举措代表了公司对员工的承诺。

纽柯钢铁公司的激励性薪酬体系和绝不裁员政策，将承诺转化为行动。该公司的薪酬方案包括利润分享计划、股票购买计划、401K计划、教育奖学金机会等，进一步提高了员工对企业的忠诚和承诺。

通过公平地与员工分享收益，强化承诺，与员工持股的效果一样，同时也造就了员工与公司利益的一致性。

基于团队绩效的薪酬也会激励员工做出承诺。如果某位员工缺勤，那么整个团队可能都要遭殃。这在团队成员之间产生了同行压力，强化了彼此之间的忠诚。

最后，钢铁生产是一种非常危险的工作。员工相信公司会为他们提供安全的生产环境，所以才会对公司做出承诺。

纽柯钢铁公司对客户的承诺体现在其定价过程中对质量、准时交货、服务、诚信的承诺。纽柯钢铁公司对股东的承诺则体现在惊人的股本增长上，这已经成为传奇。艾弗森对所有涉及信任的问题总结如下：

> 纽柯钢铁公司立足于这些听起来迂腐的基本原则。我们相信己所不欲勿施于人，这是我们公司的基石。该原则听起来平淡无奇，但实际上卓有成效。[32]

重要特质：冲突管理

有效的冲突管理对于一个组织的成长和学习是非常有必要的。与林肯电气公司的管理系统类似，纽柯管理系统中的信任使得分歧得以显露，承诺则创造了以最符合公司利益的方式解决问题的动机。管理层的谦虚谨慎有助于卓有成效地管理冲突。该公司管理层承认，优秀的管理者也可能做出错误决策，从而使得每个人都有了犯错的机会以及从中学习的自由。此外，纽柯钢铁公司精简的指挥链很少具有官僚主义作风，也有助于更加高效率地解决冲突。

管理层承认自己会犯错，进一步促进了人们对彼此的信任。让员工参与解决问题，使他们成为解决方案的一部分，能够创造出一种氛围，在这种氛围中，员工更会毫无怨言地执行管理层做出的决策。即使管理层做出的决策违背了员工的意愿，只要他们认可做出这些决策的理由，并相信管理层是为了公司的最佳利益，那么员工仍有可能不折不扣地执行。

奖励系统与生产性员工的团队结构紧密相关。尽管冲突不可避免，但奖励系统鼓励团队成员及时解决。因为冲突会影响到所有团队成员的生产率和收入，所以激励机制是解决冲突的正确手段。

另外，员工申诉程序为个别员工的不满提供了有效解决途径。此外，对于工作多年的老员工，解雇决策由公司总部处理，因此能够在公司最高层级上解决一些最严重的潜在冲突。

从最高层视角看，纽柯钢铁公司所有工厂的总经理都是整个公司的管理者。他们每年会面 3 次，在这些会议上，他们摘下"业务部门的帽子"，站在整个纽柯钢铁公司的立场上讨论计划和绩效，分享好想法，摒弃不良做法，并把整个公司团结在一起。

在这些会议上，许多预料中的冲突会显露出来。实际上，会议正是为此而设计的。所有工厂的总经理都在思考什么对纽柯钢铁公司是最有利的，以及怎样来解决那些冲突。

重要特质：学习

所有学习都需要反馈信息——速度越快，准确度越高，学习效果就越好。团队环境与合作有助于学习。在纽柯钢铁公司，错误被视为促进学习的机会。

学习是纽柯钢铁公司取得辉煌成功的重要基石。公司管理层鼓励员工提出各种新观点,其中一个例子出现于经济衰退时期,当时纽柯的员工发明了预制钢屋顶。

纽柯的管理层也积极为员工提供学习机会,督促他们走出舒适区,承担更大的责任。例如,某家工厂一名员工被安排到一个团队中,参与建造价值2.5亿美元的工厂,并且该员工被指派负责熔炼车间的建设项目。这样做,不仅员工会受到锻炼,经理们也会收到关于该员工的反馈信息。

纽柯钢铁公司的一个关键信念是,与成功相比,人们有时候能从错误中学到更多经验教训。只要管理者和员工能够从错误中汲取教训,他们就能够为自己的错误承担责任。这显然也为他们提供了成长机会。纽柯钢铁公司对承诺的持续改进,能够督促组织成员承担风险并从错误中学习。

纽柯的员工接受交叉培训,在此过程中,他们学习新职能,并且互帮互助。这与纽柯正在从事的工艺流程紧密相关,从而有助于不断改进生产技术和生产方法。

在纽柯钢铁公司,正式和非正式的信息共享非常普遍。信息共享(或知识)系统已经建立起来,员工能够从彼此的成败中学习经验教训。月度管理评估汇报也促进了该过程。

重要特质:系统思考

对个人的激励用来鼓励员工提高生产率,对团队的激励则有助于让员工聚焦于企业的目标。纽柯的价值观体系也符合马斯洛所谓"自我实现的需要"[⊖]，更高层次的需要超越了狭隘的自利，对动机有着深远影响。³³通过关注团队合作与沟通、信任与诚实、尊重与尊严等特质，员工被鼓励以超越自我利益为前提进行思考，以满足整个组织的需要。如果他们想要成为伙伴，那就做伙伴该做之事！

此外，工厂经理和非生产性员工根据纽柯公司的总资产回报率而非个人绩效获得奖金，这进一步使他们与公司的目标保持同步，有助于强化系统思考的视角。最后，管理系统内部的各子系统相辅相成。

纽柯钢铁公司管理层相信，"自发秩序"将带来优于"受控秩序"的结果。本着这种精神，纽柯管理系统内部的各子系统自发地相互支持。

纽柯钢铁公司的年度规划过程试图把各部分整合在一起，并创建一种关于公司的系统观点。年度规划过程旨在收集和分享整个公司内的信息，确定现金流和资本需求，并为公司管理层提供指导各工厂经理的机会。

重要特质：敏捷/速度/适应性

敏捷/速度/适应性是纽柯钢铁公司竞争优势的重要来源，具体表现在许多方面。项目管理专家通过把关于工厂建设的知识传

⊖ 马斯洛在《动机与人格》中定义为："一个人能够成为什么，他就必须成为什么，他必须忠实于自己的本性。这一需要我们可以称之为自我实现的需要。"——译者注

授给各位负责新工厂的经理,加快了学习进程。集中的研发机构允许经理利用某些专业知识,而不需要把时间和精力投入该项研究。

内部市场创造了一种促进创新和提高适应性的环境。由于纽柯公司各工厂作为自治的业务单元运营,它们有能力针对市场和技术的变化迅速做出反应,及时采取适应性措施。此外,工厂经理享有的广泛自治权有助于更具创造性地采取独立行动。

例如,只要项目经理认为合适,就有权向承包商提供奖金。纽柯各家工厂的建设速度非常快,这进一步体现了该公司的敏捷。建设工厂过程中,各项活动齐头并进,而没有过度依赖蓝图。经理指导承包商在何处安置管道、排水管等。这种"有组织的混乱"建设方法导致建设成本比行业标准低8%。

扁平化组织、团队合作、自发秩序共同创造了一种有助于快速反应和调整的环境。在这种环境中,员工被鼓励根据需要调整方向。受过交叉培训的员工能够根据需要改变职能,以便对无法预见的情况做出快速反应。纽柯钢铁公司的管理层毫无"管理层思考,员工执行"的观念。

最后,持续改进过程有助于调整引进的新技术和新产品,以适应现实的需要。

总之,承诺、管理冲突的能力、学习、系统思考要求组织成员彼此高度信任,这些特质共同孕育了敏捷。在美国,纽柯钢铁公司一直是最敏捷的企业之一。

纽柯钢铁公司最近的发展

1999年6月初,纽柯钢铁公司副董事长、总裁兼CEO约翰·科伦蒂因与董事会围绕公司未来的发展方向出现分歧而辞职。

当前,纽柯钢铁公司正处于一个战略转折点。该公司在历史上的增长率如此之高,以至于雷曼兄弟公司⊖的研究分析师理查德·奥尔德预测,到2000年,纽柯将生产和销售1140万吨钢铁,从而超越美国钢铁公司⊜成为规模最大的钢铁生产商。[34] 鉴于美国市场的钢铁需求量以每年1.5%的速度增长,纽柯公司若仅仅继续当前的战略,将会难以维持以往的高增长率。小型钢铁厂的理念在美国被广泛复制,廉价的外国进口产品正涌入美国。尽管相比于1998年第一季度,该公司1999年第一季度的销售额下降了22%,净利润减少了27%,但纽柯钢铁公司在这段动荡时期的表现仍极为出色。

现如今,纽柯钢铁公司已经成为美国最大的钢铁生产商之一,未来该如何经营?是否应该展开一场零和博弈,从综合钢铁

⊖ 雷曼兄弟公司(Lehman Brothers),美国第四大投资银行,1850年成立,2008年申请破产保护,成为2007~2008年全球金融危机失控的标志。——译者注

⊜ 美国钢铁公司(United States Steel),1901年,在J. P. 摩根和埃尔伯特·加里的主持下,由安德鲁·卡内基钢铁公司、联邦钢铁公司、国家钢铁公司合并而成,一度成为世界上最大的公司。——译者注

生产商那里抢走更多客户？应该像林肯电气公司那样进行海外扩张吗？是否应该实施多元化战略？如果实施多元化，那么该进入什么市场？应该通过收购还是绿地投资来实施多元化？

管理实践方面也需要反思。不论以哪种标准衡量，纽柯管理系统非正式化的程度非常高，甚至公司总部也几乎没有正式的战略规划。那么，未来管理系统是否应该变得更加正式化？公司总部参谋人员的数量是否应该扩充？

20世纪80年代末至90年代初，面临相似转折点的林肯电气公司最终选择了海外扩张。尽管转型过程非常坎坷，然而事实证明，林肯电气的文化和管理系统异常敏捷，最终成功转型为一家全球企业。纽柯钢铁公司目前也面临着相似的难题。该公司的文化和管理系统将会表现出适应性，但未来可能会出现一定程度的动荡。

两家企业管理系统的对比

纽柯钢铁公司与林肯电气公司的管理系统各有不同。与林肯电气公司类似的是，纽柯钢铁公司也高度重视员工，这体现为管理层的"门户开放政策"、强调信任和坦诚、基于绩效的薪酬体系、持续就业、个人责任与问责。其他相似之处还有林肯电气公司的"确保削减成本计划"与纽柯钢铁公司在定价战略上的诚信、精挑细选的招聘过程、高管没有特殊待遇等。

尽管纽柯钢铁和林肯电气都高度重视通过坦诚的沟通来传递知识，但后者已经构建了一个由员工选举产生的咨询委员会以进一步增加员工接触管理层的渠道。卓越的绩效在两家企业得到类似的奖励。根据这两家企业的奖金制度，员工都能够凭借生产率和创新拿到奖金。两家企业在计算奖金时都考虑了团队绩效，但纽柯钢铁公司的奖金完全基于团队，而林肯电气公司的奖金主要基于个人绩效。

内部市场观念

纽柯钢铁公司和林肯电气公司都在一定程度上采用了内部市场观念。内部市场观念运用于组织，旨在利用追求自我利益的人性本能来促进组织目标的实现。为确保实现组织整体利益的同时兼顾成员的自我利益，管理系统的设计应能激发个人的积极性，促使他们致力于实现企业目标。因此，内部市场观念强调企业家行为、强烈的激励与问责。

人们相信，组织通过帮助个人实现自我利益可以孕育更多创新，达到更高的生产率，导致业务部门和员工变得更加高效，适应性更强，获利更丰厚。

林肯电气公司和纽柯钢铁公司的经营都以自我管理为前提，自视为由多名企业家组成的邦联⊖。在林肯电气公司的运营层次和纽柯钢铁公司的多数层次上，这一点都非常明显。

詹姆斯·林肯认为，管理一家企业有两种方式：企业家式和

⊖ 邦联（Confederations），主权国家为共同目的而建立的永久联盟，成员国的地位彼此平等，保留各自的军队和外交，往往缺乏有效的行政权力，作者此处用来类比组织成员的高度自治。——译者注

行政式。他选择的是企业家式，具体体现为根据四项标准来确定对企业内几乎所有职位的激励措施。他没有为生产性员工的收入设定上限，同时要求员工在企业利润下滑、质量出现问题时共渡难关。在纽柯钢铁公司，每名员工都是团队的一部分，团队的每周收入取决于"符合规格"的产量。每位工厂经理的奖金都基于工厂的资产回报率，每名企业管理者的奖金都基于股本回报率。

纽柯钢铁公司的创新可能出现在各个领域。生产性员工面临的即使是新出现的难题，仍被期望自行解决。该公司各工厂的总经理都是从生产车间一步步升上来的。纽柯钢铁公司和林肯电气公司都高度重视挖掘人的潜能。

这两家公司的招聘都异常挑剔，也都成功地抵制了工会化。艾弗森说：

> 当公司管理者平等地对待员工时，他们能够收获信任。"管理者与员工对立"的企业永远无法做到的事情，信任纽带却能够帮助管理者轻而易举地做到。[35]

林肯电气公司和纽柯钢铁公司在各自行业中支付给员工的工资都是最高的，但它们同时也是业内的低成本生产商。

对内部市场观念可行性的质疑

由于鼓励员工扮演企业家会导致角色和责任变得模糊不清，扰乱工作关系，所以对于应用内部市场观念存在质疑的声音。最高管理者的角色是顾问和导师，而不是指挥者。

彼得·圣吉（Peter M. Senge）也对把内部市场观念作为解决

当今组织困境的方法提出质疑,[36]他指出:"'外在世界'的变化不一定引起'内在世界'的变革。"(p.88)例如,圣吉提出了信息的复杂性问题。如果管理者难以理解组织中产生的大量信息,怎么能指望较低层级的人有效地做到这一点呢?此外,他还争论道,企业鼓励坦诚的沟通、诚实、内部市场等,实际上可能会威胁到正试图创建的团队精神。"如果流行的是坦诚,那么可能会导致不同的防卫行为模式。"(p.92)

我们已经证明,林肯电气公司和纽柯钢铁公司的内部市场观念并非孤立存在。相反,内部市场观念与一套管理系统相辅相成,管理系统确实缓解了孤立的内部市场观念以及组织内部员工之间相互竞争潜存的问题。

附表10-1 1966—1997年纽柯钢铁公司的财务数据

年份	净收入($)	全部股本($)	股本回报率	每股收益	每股收益增长率	每股价格	每股价格增长率
1966	1,333,900.00	2,239,882.00	59.60%	$0.02		$0.23	
1967	1,703,256.00	6,581,876.00	25.9	0.03	50%	0.64	178.3%
1968	2,238,936.00	9,288,771.00	24.1	0.03	0	0.78	21.9
1969	2,335,083.00	11,938,178.00	19.6	0.03	0	0.45	-42.3
1970	1,140,757.00	13,101,313.00	8.7	0.02	-33.3	0.27	-40
1971	2,740,694.00	15,892,357.00	17.2	0.04	100	0.41	51.9
1972	4,668,190.00	20,929,525.00	22.3	0.07	75	0.54	31.7
1973	6,009,042.00	26,620,195.00	22.6	0.09	28.6	0.41	-24.1
1974	9,680,083.00	37,103,939.00	26.1	0.14	55.6	0.30	-26.8

(续)

年份	净收入（$）	全部股本（$）	股本回报率	每股收益	每股收益增长率	每股价格	每股价格增长率
1975	7,581,788.00	44,549,735.00	17	0.1	-28.6	0.41	36.7
1976	8,696,891.00	54,084,970.00	16.1	0.11	10	0.74	80.5
1977	12,452,592.00	66,295,405.00	18.8	0.16	45.5	1.02	37.8
1978	25,848,849.00	92,129,119.00	28.1	0.33	106.3	1.74	70.6
1979	42,264,537.00	133,257,816.00	31.7	0.52	57.6	3.32	90.8
1980	45,060,198.00	177,603,690.00	25.4	0.55	5.8	5.82	75.3
1981	34,728,966.00	212,376,020.00	16.4	0.42	-23.6	4.98	-14.4
1982	22,192,064.00	232,281,057.00	9.6	0.27	-35.7	5.21	4.6
1983	27,864,308.00	258,129,694.00	10.8	0.33	22.2	7.13	36.9
1984	44,548,451.00	299,602,834.00	14.9	0.53	60.6	5.38	-24.5
1985	58,478,352.00	357,502,028.00	16.4	0.68	28.3	8.98	66.9
1986	46,438,888.00	383,699,454.00	12.1	0.54	-20.6	7.72	-14
1987	50,534,450.00	428,009,367.00	11.8	0.6	11.1	9.91	28.4
1988	109,439,842.00	532,281,449.00	20.6	1.29	115	11.94	20.5
1989	57,835,844.00	584,445,479.00	9.9	0.68	-47.3	15.06	26.1
1990	75,065,261.00	652,757,216.00	11.5	0.88	29.4	15.50	2.9
1991	64,716,499.00	711,608,991.00	9.1	0.75	-14.8	22.34	44.1
1992	79,225,709.00	784,230,713.00	10.1	0.92	22.7	39.19	75.4
1993	123,509,607.00	902,166,939.00	13.7	1.42	54.3	53.00	35.2
1994	226,632,844.00	1,122,610,257.00	20.2	2.6	83.1	55.50	4.7

（续）

年份	净收入（$）	全部股本（$）	股本回报率	每股收益	每股收益增长率	每股价格	每股价格增长率
1995	274,534,505.00	1,382,112,159.00	19.9	3.14	20.8	57.13	2.9
1996	248,168,948.00	1,609,290,193.00	15.4	2.83	-9.9	51.00	-10.7
1997	194,482,440.00	1,876,425,866.00	10.4	3.35	18.4	48.31	-5.3

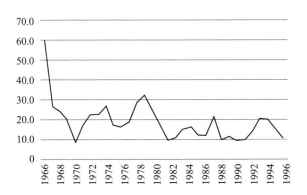

附图10-1 纽柯钢铁公司年度股本回报率（%）

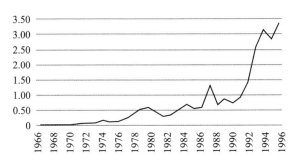

附图10-2 年度每股收益（$）

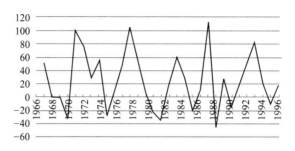

附图 10-3　每股收益年度增长率（%）

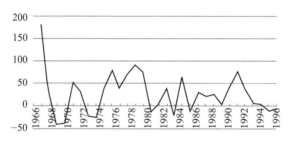

附图 10-4　纽柯钢铁公司普通股每股价格年度增长率（%）

注　释

1. 摘自 1998 年 3 月 23 日纽柯钢铁公司提交给证券交易委员会的 1997 年度（截止 12 月 31 日）10-K 表格，第 2 页。
2. 首次提出该理论的是 Douglas McGregor in *The Human Side of Enterprise*（New York：Harper Publishers, 1954）。
3. William Nobles and Judy Redpath, "Market Based Management™—A Key to Nucor's Success," *Journal of Applied Corporate Finance*, 10, No. 3（fall 1997）：105。
4. Lord Griffiths of Fforestfach, *The Business of Values*, The HANSEN-WESSNER Memorial Lecture, The ServiceMaster Company, Downer's Grove, IL, 1996, pp. 8-9。

5. Ken Iverson with Tom Varian, *Plain Talk*: *Lessons from a Business Maverick* (New York: John Wiley & Sons, 1998), 8-9。
6. 出处同上., 75。
7. Adam Ritt, "Nucor's Investment in Loyalty," *New Steel*, Charners Business Information (August 1998): 12。
8. 出处同上., 1。
9. Iverson with Varian, p. 159。
10. Jeffrey L. Rodengen, *The Legend of Nucor Corporation* (Fort Lauderdale, FL: Write Stuff Enterprises, 1997), 126。
11. 出处同上。
12. Nucor Corporation 1997 *Annual Report*, Charlotte, NC, 5。
13. 10-K 表格, page 11。
14. Jeffrey L. Rodengen, p. 113。
15. William H. Newman, *Constructive Control*: *Design and Use of Control Systems* (Englewood Cliffs, NJ: Prentice-Hall, 1975), 133。
16. 纽柯钢铁公司新闻稿. "Nucor's Iverson Receives National Medal of Technology," September 16, 1991. Quoted on page 124 of Rodengen, *The Legend of Nucor Corporation*。
17. Iverson with Varian, p. 178。
18. 出处同上., p. 112。
19. 出处同上., p. 183。
20. 纽柯钢铁公司发布的消息, February 3, 1999, Charlotte, NC, http://www.nucor.com/pressrel.htm。
21. Equity-Basic Industries, *Back to Basics*, April 24, 1998, BT Alex Brown Research, New York, NY, pages 101-105。
22. 出处同上., p. 101。
23. 出处同上。
24. 源自 *the Front*: *The Imports Are Coming, The Imports Are Coming*! Vol. 13, No. 7, August 5, 1998, BT, Alex Brown Research, New York,

NY, pp. 1 – 2。

25. Edwin Mansfield, "International Trade Disputes," in *Managerial Economics: Theory, Applications and Cases*, 3d ed. (New York: W. W. Norton, 1996), 637 – 638。

26. Emily Schwartz, Merrill Lynch Research Bulletin, "Steel Imports Surge," Washington, DC, p. 1。

27. 有迹象显示世界市场上钢铁价格正在上涨,纽柯钢铁公司最近(1999 年 4 月)也提高了部分商品类钢铁产品的价格。

28. 对 Neil Cavuto 的采访, *The Cavuto Business Report*, 对纽柯公司 CEO John Correnti 的采访 *Fox News Report*, 1998 年 12 月。

29. Robert S. Kaplan and David P. Norton, *The Balanced Scorecard: Translating Strategy into Action* (Boston, MA: Harvard Business School Press, 1996)。

30. Lord Griffiths of Fforestfach, *Business of Values*, 13。

31. Iverson with Varian, p. 22。

32. 出处同上., p. 76。

33. A. H. Maslow, "A Theory of Human Motivation," *Psychological Review*, 50 (January, 1943): 370 – 396。

34. "Nucor CEO Steps Down Unexpectedly," *The Wall Street Journal* (June 4, 1999): A3 and A6。

35. Iverson with Varian, p. 70。

36. Peter M. Senge, "Internal Markets and Learning Organizations," in *Internal Markets: Bringing the Power of Free Enterprise Inside Your Organization*, 引自 William E. Halal, Ali Geranmayeh, and John Pourdehnand (New York: John Wiley & Sons, 1993), Chap. 5。

第 11 章 沃辛顿工业公司

沃辛顿工业公司由约翰·H. 麦康奈尔创建于 1955 年,当时他出售自己的奥兹莫比尔汽车⊖得到 600 美元,加上支票账户上的 1200 美元,用这些钱购买了一批钢材,加工后卖出,第一笔交易获利 600 美元。这就是沃辛顿工业公司的起点。如今该公司总部位于俄亥俄州哥伦布市,是一家领先的钢铁加工产品制造商。[1]

沃辛顿工业公司的现状

一直以来,沃辛顿公司始终遵循一套基于黄金法则的价值理念。现在该公司已经成为一家全球企业,年销售额 16 亿美元,

⊖ 奥兹莫比尔(Oldsmobile),通用汽车公司旗下的汽车品牌,1897 年由奥兹(Ransom E. Olds,1864—1950)创立,2004 年停产。——译者注

在美国 20 个州和 11 个国家设有 53 家工厂，约有 7500 名员工。

沃辛顿工业公司成功地实现了子承父业的转型。1996 年，创始人的儿子约翰·P. 麦康奈尔被任命为董事长兼 CEO。约翰·P. 麦康奈尔在该公司一步步晋升至当前的岗位，先是在位于路易斯维尔（Louisville）的工厂车间内任职，后来在哥伦布市的气瓶工厂担任人力资源主管，最后担任整个公司的运营副总裁。与父亲一样，小麦康奈尔同样对沃辛顿工业公司的价值理念深信不疑。

在剥离了非核心业务之后，沃辛顿工业公司的业务仅剩钢铁加工产品以及与这些产品相关的合资企业股权。该公司拥有 4 条钢铁加工产品的生产线。1996—1998 年该公司经营的业务各自所占比例如下：

	1998	1997	1996
钢铁加工	56%	56%	68%
压力气瓶	14%	14%	15%
金属框架	21%	21%	8%
汽车车体外板	9%	9%	9%

钢铁加工

沃辛顿工业公司是一家生产扁钢的中间加工商，这是该公司最大的业务部门。该公司的客户需要专业的钢铁加工与服务，目前约有 1700 家客户，主要从事汽车制造、汽车零部件、家电、电气设备、通信、建筑、办公家具、办公设备、农业、机械、休闲等。

沃辛顿工业公司的钢材"加工能力包括酸洗、分切、轧制、退火、边缘处理、拉伸矫直、定长剪切、配置下料加工、激光毛坯焊接、喷漆、镀镍、热浸镀锌。"[2]

沃辛顿工业公司高度重视产品质量，几乎能够满足客户的全部需求，长期以来整个行业的产品缺陷率要比沃辛顿工业公司高得多。

1998年，沃辛顿工业公司规模最大的新建钢铁加工厂在亚拉巴马州迪凯特市（Decatur）开始运营。该工厂占地75万平方英尺，大大增强了沃辛顿工业公司的钢铁加工能力。特瑞科公司（TRICO）拥有并运营的一家小型钢铁厂与该加工厂毗邻，为其加工业务提供廉价钢材。

压力气瓶

沃辛顿工业公司是全球领先的低压和高压气瓶供应商，也是北美地区的主要供应商。该公司全资拥有7家生产工厂，并持股一家生产气瓶的合资企业。三类主要压力气瓶的制造和分布如下：

1. 制冷剂气瓶用于装备空调和制冷系统。
2. 液态丙烷气瓶销售给烧烤架的制造商和分销商，以及处理食材、加热、烹饪、露营设备的客户。
3. 高压气瓶销售给气体填充商和供应商，作为工业和卫生保健设施使用的各种气体的容器，该行业包括不断增长的大型氦气罐市场，这些氦气罐用来为社会活动场合的气球充气。

金属框架

1996 年,沃辛顿工业公司收购了迪特里希工业公司(Dietrich Industries)。"迪特里希工业公司是一家全国领先的金属框架产品生产商,为商业和住宅建筑行业提供产品。"[3] 迪特里希当前在美国各地经营着 18 家工厂,产品包含商业和住宅承包商使用的钢钉、楼板梁以及其他金属配件产品,是美国唯一一家拥有全国性分销网络的金属框架生产商。

汽车车体外板

作为沃辛顿工业公司专注于钢铁加工核心业务的战略组成部分,1997 年该公司收购了位于俄亥俄州伍斯特(Wooster)的格斯腾拉格公司(Gerstenlager)。起初,约翰·H. 麦康奈尔通过麦康奈尔家族控股公司(JMAC)收购格斯腾拉格公司,后于 1997 年正式并入沃辛顿工业公司。

格斯腾拉格公司是美国汽车业中领先的次级市场车体外板独立生产商,把镀锌钢冲压成汽车零部件,如车门、挡泥板、发动机罩等,其主要客户是美国市场上的本国和外国汽车生产商,还有中型和重型卡车生产商。

格斯腾拉格公司的竞争对手是各汽车厂商内部的车体冲压工厂以及其他供应商,其主要竞争优势在于模具的多样性和为旧车提供替换车体框架的能力。沃辛顿工业公司车体外板业务的主要客户是通用汽车公司,后者通过各事业部和分公司购买车体外板。沃辛顿工业公司对通用汽车的依赖导致对其管理决策和周期性经济因素的变化异常敏感。

合资企业

沃辛顿工业公司采取多种不同的方式组建合资企业,有时候是主要股东,有时候是少数股东。该公司通常更愿意负责合资企业的业务方面,其管理层认为业务管理是自身的比较优势之一。

沃辛顿工业公司专注于核心业务,并实现了全球性增长,作为该战略的一部分,沃辛顿工业公司参与组建了 6 家合资企业,分别是:

1. 沃辛顿/阿姆斯特朗合资公司(WAVE)

WAVE 公司是一家全球领先的金属吊顶供应商,生产的吊顶由薄镀锌钢(作为天花板的构成部分)制成,用于商业和住宅建筑。在这家合资企业中,沃辛顿工业公司与阿姆斯特朗世界工业公司是平等的合作伙伴,目前在美国的 4 个州、英国、法国、西班牙、中国设有生产基地。

2. 勇士钢材涂层公司(Spartan Steel Coating)

该公司是沃辛顿工业公司与密歇根州迪尔伯恩市的鲁日工业公司(Rouge Industries)的合资企业,位于密歇根州门罗市(Monroe),专门生产"轻型、热镀锌和退火处理的钢板。"[4] 数年前勇士公司从福特汽车公司分离出来,成为一家综合钢铁生产商。

1998 年 5 月,这家合资企业开始运营。勇士生产的热浸镀锌钢主要用于增值性汽车设备。沃辛顿工业公司是这家合资企业的主要股东。

3. 沃辛顿与蒂森·斯塔尔的合资公司（TWB）

TWB 公司位于密歇根州的门罗市，1992 年由沃辛顿工业公司与德国的蒂森·斯塔尔公司合资成立。1997 年，TWB 吸收了 3 家掌握少数股权的合作伙伴（分别是 LTV 钢铁公司、伯利恒钢铁公司、鲁日钢铁公司），从而导致沃辛顿工业公司的持股比例降至 33%。TWB 是一家领先的激光焊接毛坯供应商。激光可以焊接汽车业所需的比正常厚度薄得多的钢板，运用先进技术能把激光焊接坯料制成更轻便、更便宜的金属框架。激光焊接在许多方面是沃辛顿工业公司金属框架业务的延伸。

4. 沃辛顿 S. A. 股份公司（Worthington S. A.）

这是沃辛顿压力气瓶部门与巴西的 3 家丙烷生产商共建的合资企业。沃辛顿 S. A. 股份公司在圣保罗经营一家气瓶制造厂，沃辛顿工业公司持有 52% 的股份，旨在服务于日益增长的南美国家气瓶市场。沃辛顿工业公司之所以成立这家合资企业，就是希望借此进入南美国家的气瓶市场，而这需要有当地伙伴的配合才能成功。

5. 沃辛顿特种产品合资公司（WSP）

沃辛顿特种产品合资公司位于密歇根州的杰克逊市（Jackson），由沃辛顿工业公司和美国钢铁公司（USX Corporation）持有相同股份，旨在向美国钢铁公司供应处理过的钢材。

6. 阿塞克斯股份有限公司（Acerex S. A.）

阿塞克斯公司位于墨西哥的蒙特雷市（Monterey），沃辛顿工业公司和墨西哥领先的钢铁加工企业伊尔萨公司（Hylsamex）持有相同股份，旨在为墨西哥和美国客户提供钢材切割和定长剪切服务。

钢铁加工业的宏观环境[5]

沃辛顿工业公司是美国规模最大的钢铁加工企业之一，其地位决定了钢铁业的宏观环境和特殊环境会显著影响整体经营和财务绩效。在许多方面，钢铁加工业的宏观环境与纽柯等原钢生产商的一般行业环境相似。

作为世界钢铁加工市场上居领先地位的制造型企业，全球钢铁价格、钢铁供求、钢铁加工产品等方面的变化都会影响到沃辛顿工业公司。在美国国内，市场对钢铁加工产品的需求很大程度上由消费者对汽车零部件、家用电器、机械的强劲需求推动。

1998年，尽管南美和亚洲各国的经济持续放缓，但美国国内对钢铁加工产品的需求稳步增长。在这种形势下，这些国家大力向美国出口钢铁，造成市场上原钢供给过剩，钢铁价格下跌。

与纽柯钢铁公司一样，沃辛顿工业公司在1998年也降低了产品定价，但由于沃辛顿的业务主要集中在增值性钢铁加工市场，因此在冷轧和热轧钢材供给全面过剩的影响下，该行业受到了一定程度的冲击。

沃辛顿工业公司管理层相信，面对海外企业的竞争，最好的防御就是强有力的进攻。全球钢铁生产商把目光投向美国市场的同时，沃辛顿工业公司继续大力开展海外扩张，采取合资、收购等积极的扩张战略。这些战略联盟向来聚焦于沃辛顿工业公司钢铁加工产品领域的核心业务，其中之一是并购奥地利加明市（Gaming）的海泽公司（Heiser），这是一家欧洲领先的高压气瓶生产商。

随着沃辛顿工业公司海外业务的扩大，其面对国际经济和政治局势（包括增加的外汇风险敞口⊖）的脆弱性也在增加。例如，沃辛顿工业公司在巴西设立的合资企业当前正面临不利的汇率波动风险。

环境规制

沃辛顿工业公司受到联邦、州、地方法律的约束，这些法律对钢铁生产造成的环境影响加以规制。相关规制措施和法律法规因州而异、因城市而异，影响公司的工厂选址。尽管如此，沃辛顿工业公司仍在不断探索减少排放与浪费的方法。

特殊环境因素

1998 财年的第四季度，沃辛顿工业公司对自身业务的两个方面进行了战略审查，评估了公司的经济价值。此次审查的重点是定制产品部门，包括沃辛顿定制塑料公司、沃辛顿贵金属公司以

⊖ 外汇风险敞口（exposure to currency risk），外汇资产（或负债）由于汇率变动而可能出现增值和减值，这种增值和减值可能自然抵消，也可能被某种措施人为冲销。——译者注

及以巴克伊铸钢公司（Buckeye Steel Castings Company）为主的铸造产品部门。

此次战略审查后沃辛顿工业公司管理层得出结论，应该剥离上述业务，专注于具备优势的核心业务：钢铁加工产品，包括钢铁加工、压力气瓶、金属框架、汽车车体外板等。1998年，沃辛顿工业公司在专注于自身业务领域的同时，继续在市场利基范围内实施扩张和增长战略，这在美国国内外的战略联盟以及新开设的全资工厂中都体现得非常明显。

沃辛顿产品的竞争力立足于质量、价格以及满足各类客户需求的能力。工厂与客户之间的物理距离对于满足客户多样化需求的能力具有重要影响。

1997年开始，市场对该公司产品的需求持续上涨，具体归功于新的汽车业务、传统市场的增长以及美国整体经济的繁荣。

细分市场

细分市场包括汽车车体外板市场（详见本章前文的描述）、钢铁加工市场、压力气瓶市场与金属框架市场。

钢铁加工市场

沃辛顿工业公司下设11家工厂从事钢铁加工业务。1998财年，钢铁加工业务贡献了公司总销售额的56%。钢铁加工业务拥有约1700家工业客户，分布在汽车制造、汽车零部件、家电、电气设备、通信、建筑、办公家具、办公设备、农业、机械、休闲等行业。钢铁加工是一个竞争激烈的中间细分市场，市场上的各家企业从沃辛顿等轧钢厂采购钢材，通过提供来料加工等多种增值性技术服务，沃辛顿的钢铁加工业务得以彰显自身的特色。来料加工是钢铁加工企业经常从事的一项业务。

压力气瓶市场

1998 财年，压力气瓶业务贡献了公司总销售额的 14%。尽管沃辛顿工业公司该业务的客户超过 2000 家，但主要销售额来自几家大客户。

沃辛顿工业公司在美国的俄亥俄州、俄克拉荷马州、亚拉巴马州，加拿大的安大略省，奥地利，共设有 8 家工厂，并且在巴西的圣保罗有一家合资企业。在低压气瓶细分市场上，沃辛顿工业公司占有绝大多数份额。在高压气瓶细分市场上，该公司与另外两家企业展开竞争，并且它们占有的市场份额高于沃辛顿。

通过收购奥地利的海泽公司，沃辛顿工业公司得以在欧洲的工业气瓶细分市场占有最大份额。

金属框架市场

通过收购迪特里希工业公司，沃辛顿工业公司的金属框架业务实现了扩张。迪特里希工业公司是美国规模最大的金属框架产品供应商。1998 财年金属框架业务贡献了沃辛顿工业公司总销售额的 21%。迪特里希工业公司是唯一一家金属框架产品的全国性供应商，与 5 家区域性供应商以及多家小型地方企业存在竞争。

沃辛顿工业公司的管理系统

沃辛顿工业公司一直以其完善的价值理念指导各项经营活动。公司价值观由约翰·H. 麦康奈尔提出，立足于黄金法则，长期以来从未发生重大变动。这些价值观成为沃辛顿工业公司的核心基础。

沃辛顿工业公司的高级管理人员日复一日、周复一周、月复一月地践行这些价值观,并以言传身教的方式尽力影响所有员工的行为。沃辛顿工业公司所有业务的经营和所有文件资料都体现了该价值观,具体如下:

沃辛顿工业公司的哲学价值观宣言

股东收益:沃辛顿工业公司的首要目标是为股东赚钱,增加他们的投资价值。我们相信,衡量目标实现程度的最佳标准是每股收益的持续增长。

黄金法则:我们秉持己所不欲勿施于人的原则对待客户、员工、投资者、供应商。

人:我们坚信人是最重要的资产。我们相信人们会对认可、成长机会以及公平薪酬予以回报。我们认为薪酬应该与工作绩效直接挂钩,因此应该在任何可能的情况下采用利润分享等激励措施。我们期望员工为了拿到当天的薪酬而兢兢业业工作。我们秉持为所有沃辛顿员工提供持续就业的理念。填补空缺岗位时,我们尽量在沃辛顿工业公司各分部、各子公司内部寻找合适人选。当员工的工作岗位发生调整时,经济收入不会随之减少。

客户:若没有客户对产品和服务的需求,我们将一无所有。我们愿尽一切努力满足客户对质量和服务的要求。一旦对客户做出承诺,我们就会尽一切努力履行义务。

供应商:若没有为我们的产品提供高质量原材料的供应商,

我们的业务就无法盈利。从定价的立场来看，我们只要求供应商在市场上具有竞争力，一视同仁地对待我们与其他客户。对于在所有市场形势下都能够满足我们对质量和服务之要求的供应商，我们会保持忠诚。

组织：我们主张实行分权制组织结构，各分部负责人承担绩效责任。只要符合企业的目标和宗旨，所有管理者都被赋予履行职责所需的权威和自由。根据该理念，我们没有设立统一的企业内部流程。如果某个分公司或业务部门需要特定的流程，那么就由相应的管理者各自设立。我们相信总部配备少量参谋人员和支持机构就能够满足股东和各业务部门的需要。

沟通：我们透过各种可能的渠道与客户、员工、股东、金融界沟通。

企业公民：沃辛顿工业公司在所有层面都承担积极的公民角色。在与客户、社区、世界各国的普通公众打交道时，我们以专业和道德的方式开展业务。我们鼓励所有员工积极参与社区事务。我们支持有价值的社区事业。

沃辛顿工业公司对利益相关方的排序不同于林肯电气公司和纽柯钢铁公司。林肯电气公司利益相关方的排序是：客户第一，员工第二，股东第三。纽柯钢铁公司利益相关方的排序是：员工第一，客户第二，股东第三。沃辛顿工业公司则把股东排在首位。

进一步考察会发现，实际上沃辛顿工业公司将股东排在第一位的做法可能与另两家企业同样有效。首先，沃辛顿工业公司鼓励每位员工持股。

沃辛顿工业公司也非常注重客户——强调削减成本、提高质量、完善服务。该公司对产品质量和服务水平非常自豪，并致力于生产零缺陷产品。重视公司进一步发展并精心设计了一个网站，客户能够用来采购产品和服务。沃辛顿工业公司致力于持续为客户改进产品质量、提高服务水平。

此外，沃辛顿工业公司非常注重员工的成长和发展。管理层相信人是最重要的资产；员工是诚实可靠的，能够为了拿到当天的薪酬而兢兢业业工作；鼓励和表扬能够促进员工的发展。他们对人的能力持有高度的信心，并且存在历史性证据来支持其观点。例如，1999年5月26日从沃辛顿工业公司总裁职位上退休的唐纳德·梅奥尼克（Donald Malenick），其职业生涯始于生产车间。1999年6月1日，约翰·克里斯蒂（John Christie）接替梅奥尼克成为公司总裁。

沃辛顿工业公司坚持以哲学价值观宣言中的方式处理供应商和社区事务。该公司的哲学理念和文化价值观确实非常强势，影响到管理系统和管理过程的方方面面。我将直接遵循上述哲学价值观宣言来描述该公司的管理系统。

股东收益

沃辛顿工业公司在股东收入方面的表现一直非常突出。或许最值得称道的是，该公司成立44年以来始终保持盈利。[6]

表11-1列出了过去18年沃辛顿工业公司在财务绩效方面的数据。图11-1则表明了这段时期内的年度平均股本回报率，18

年内的年度平均股本回报率是17.7%,从未出现亏损。而该公司所处的金属行业年度平均股本回报率要远低于该数值。

表11-1 1981—1998年沃辛顿工业公司的财务绩效数据

	股本回报率(%)	资本回报率(%)	每股收益($)	每股收益增长率(%)	每股股息($)	股息增长率(%)
1981	24.6	14.2	0.54		0.18	
1982	17.9	10.3	0.31	-42.9	0.13	-25.9
1983	16.6	9.6	0.33	6.5	0.14	7.8
1984	18.7	12.4	0.43	30.3	0.11	-24.8
1985	20.3	15.0	0.40	-7.0	0.12	9.7
1986	19.2	14.9	0.45	12.5	0.13	11.7
1987	17.0	13.9	0.45	0.0	0.16	17.4
1988	20.5	17.3	0.58	28.9	0.18	16.8
1989	21.2	18.3	0.69	19.0	0.20	12.2
1990	16.0	14.1	0.62	-10.1	0.25	24.5
1991	12.7	11.1	0.54	-12.9	0.27	6.7
1992	15.4	13.4	0.65	20.4	0.30	12.6
1993	16.4	14.4	0.76	16.9	0.33	7.3
1994	18.1	15.9	0.73	-3.9	0.37	12.2
1995	21.7	18.7	0.94	28.8	0.41	11.8
1996	15.8	11.9	0.76	-19.1	0.45	9.8
1997	13.5	8.8	0.69	-9.2	0.49	8.9
1998	13.3	8.2	0.85	23.2	0.53	8.1
平均	17.72	13.47				
平均资本回报率(%)			14.09(不包括1997、1998年)			

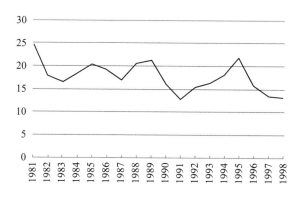

图 11-1　1981—1998 年平均股本回报率（%）

图 11-2 是沃辛顿工业公司普通股每股收益的折线图；图 11-3是该公司普通股每股收益增长率的折线图。如果我们将繁荣年份 1981 年的数据排除在外，那么在 17 年内收入的复合增长率略高于 6%。1982—1995 年，收入的复合增长率略高于 8%。从股息来看，如果我们把 1981 年排除在外，那么在 17 年的时间内，除 1 年之外所有年份的股息都增长了。在过去的 17 年中，每股股息的复合增长率约为 9%。

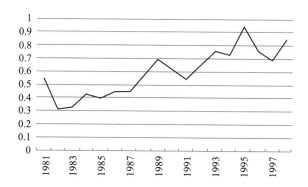

图 11-2　1981—1998 年沃辛顿工业公司的每股收益（$）

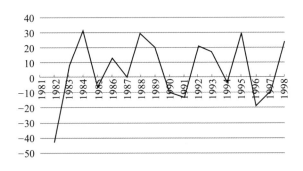

图 11-3　沃辛顿工业公司的每股收益增长率（%）

通过分析上述财务绩效数据，我们可以发现沃辛顿工业公司的财务绩效非常突出，尤其是与同时期内的行业整体绩效相比更是如此。该公司成立 43 年来，有 36 年都获得了创纪录的利润。自从 1968 年沃辛顿工业公司上市以来，除了 1 年之外，其他年份的股息都在增长。

因此，沃辛顿工业公司已经实现了哲学价值观宣言中提出的任务，具体来说，就是公司股票的每股收益实现了持续增长。

增加股东收益的额外举措

在截至 1998 年 5 月 31 日的财年内，沃辛顿工业公司对旗下所有分公司进行了战略审查。之所以进行此次审查，是因为管理层希望继续专注于增值性业务，以实现长期高速增长和卓越的财务绩效。结果沃辛顿工业公司决定继续保持自身在金属加工领域的核心竞争力，并剥离其他三项业务。

剥离其他三项业务的决策于 1998 年 6 月公布，1999 财年完成，涉及沃辛顿定制塑料公司、沃辛顿贵金属公司以及巴克伊铸钢公司。这三家分公司牵涉到沃辛顿工业公司三个业务板块（钢铁加工、定制产品、铸造产品）中的两个。剥离这些业务之后，沃辛顿工业公司得以更加专注于核心竞争力，即有望长期产生高回报并使总资本回报率回升至资本成本之上的增值产品，从而增进股东利益。

沃辛顿工业公司计划利用出售这三家分公司得到的现金增强金属加工部门的竞争力，并偿还债务、回购本公司的普通股票以改善资本结构。

该战略直接遵循了公司的首要目标，即增加股东投资的价值。一家投资研究企业（高盛）估计，沃辛顿工业公司"未来两年的收益增长将超过35%。"[7]

总而言之，沃辛顿工业公司正致力于改善近期的财务绩效。在1993—1997年，该公司的平均资本回报率约为14%，整个钢铁业的中值回报率为10.4%，金属业为9.7%，所有行业的平均值为10.5%。因此，即使在这5年内有1年的绩效低于平均值，沃辛顿工业公司仍是一家"超出平均水平的企业。"[8]

人

经外界证实，沃辛顿工业公司确实把人视为最重要的资产，有两期《美国100家最适宜工作的公司》[9]将沃辛顿列入其中，这两期研究前后相隔大约10年，[10]1988年该公司排名第48位，1999年排名第89位。从事该项研究的作者是罗伯特·利弗林和弥尔顿·默斯科唯茨。

为了支持该结论，研究者指出沃辛顿工业公司的大多数工厂中设立了员工委员会，协助管理层做出大量决策。员工委员会做出的最重要决策之一是某位员工试用期满是否转为正式员工。当某位员工开始进入沃辛顿工业公司工作后，就列为试用员工。90天试用期满之后，此人将有资格被考虑转为正式员工。一旦员工委员会多数票同意此人转正，那么就可以从按小时计酬转为薪资制。另外，此人也将获得参与公司利润分享计划的资格。

关于某位员工是否能够转正的决定，管理层确实会发挥作用，且时常向员工委员会提出建议。如果管理层提出质疑，那么员工委员会倾向于否决此人。沃辛顿工业公司是一家要求非常苛刻的雇主，员工必须奋力工作，有些人甚至坚持不了一个星期。

由于管理层并非始终与员工一起工作，所以其他员工更有资格来判定某人是否应该转为正式员工，进而参与分享本企业的利润。

如果某位试用员工被纳入考察转正的范围，那么员工委员会成员将会与此人的同事交流，询问其工作时的各项表现。如果此人的同事持赞同意见，接下来员工委员会将投票决定此人是否能够转正。

每家工厂的员工委员会都常常开会，至少每月召开一次。该委员会也共同计划业务活动并讨论生产安全问题。至少每个季度，员工委员会都会向工厂员工公布企业业绩。

通过与员工委员会协作开展工作，管理层收获了团队合作与同志情谊。由于员工委员会能够洞悉公司面临的难题和机遇，所以常常给管理层带来惊喜。

沃辛顿工业公司的员工对管理层表现出极大的信任和坦诚。最高管理层非常重视"门户开放政策"。为了实现有效的沟通，管理层付出了大量努力。当冲突刚刚萌芽时,"门户开放政策"、面对面坦诚沟通有助于及时化解,防止其恶化和扩大。

沃辛顿工业公司管理者切实关心员工,试图在讨论业务问题时摆脱权术的影响。由于沃辛顿工业公司的利润分享计划基于团队进行核算,所以有助于打破员工之间、生产性员工与管理层之间的隔阂,也促进了各部门内部的统一协调。

作为沃辛顿工业公司关于"人"的哲学价值观的例子,我们来考察一下该公司最近有关运输的新举措。

沃辛顿工业公司的运输新方案

1998年,沃辛顿工业公司选择与交通运输业的领先企业鲁安交通管理系统公司㊀合作,把调度、卡车运输、追踪系统整合在一起。

合作的目标旨在尝试把公司的运输业务外包给该行业的专业公司,并在此过程中实现公司的增值。这项计划于1999年3月正式开展,当前正在位于德尔塔(Delta)、门罗(Monroe)、波特(Porter)、哥伦布市(Columbus)的四家工厂试点,到1999年年底沃辛顿工业公司再决定是否把该项目推广到其他工厂。鲁安公司汇集了相关人员、流程、技术与合作伙伴,负责上述四家工厂的所有运输业务,并根据协议分享一定比例的节约资金。当然,沃辛顿工业公司清楚只有实际节约出交通运输成本后,才能实现

㊀ 鲁安交通管理系统公司(Ruan Transportation Management Systems),美国交通运输管理公司,1932年由约翰·鲁安(John Ruan)创立。——译者注

分享。

每家工厂都进行了测量，进而通过公司的汇报系统为持续改进提供反馈信息。沃辛顿工业公司管理层认为，通过查看组织内所有部门的发货情况及卡车在整个组织内的组织调度，能够发现存在的重大机会。此外，他们还试图通过集中调度运营获得进一步收益。公司管理层预计，到2002年运输业务每年将节约800万美元，届时试点计划将扩展到所有部门。这项运输新方案被视为与鲁安公司达成的双赢收益分享协议。

但是，该项计划与公司自己的卡车司机产生了冲突。本质上，他们将失去当前的工作岗位。为了与公司的价值理念保持一致，沃辛顿为这些员工提供了大量选择。

任何因运输新方案丧失工作岗位的员工都有下列几种选择：首先，他们可以选择加入鲁安公司的运输团队。如果他们希望留在沃辛顿工业公司，那么公司会给他们提供内部的其他工作岗位，并适用于公司的岗位调整政策。他们也可以选择购买公司的一辆卡车并独立。符合条件的员工还可以选择提前退休。最后，沃辛顿工业公司会给那些选择离开的员工提供丰厚的遣散费。

由于年轻员工往往容易愤世嫉俗，所以沃辛顿工业公司相关承诺的示范作用对年轻员工尤为重要。年轻员工耳濡目染了自己父母在其他公司扩张、精简、调整规模时的遭遇，从而对企业普遍持愤世嫉俗的态度。

强调内部提拔

罗伯特·利弗林和弥尔顿·默斯科唯茨的研究显示，沃辛顿工业公司95%的工作岗位由内部候选人填补,[11]并且许多最高管理层成员都是从最基层一步步升上来的。唐纳德·梅奥尼克刚开始是一名普通员工,后来成为公司总裁。当时,该公司共有9位副总裁,其中5位都起步于基层岗位。根据气瓶工厂的主管吉姆·诺克斯(Jim Knox)所言:"不同于其他任何企业,在沃辛顿工业公司只要顺着层级往上爬,总存在机会。如果你设定了一个目标,那么就有可能达到任何希望的管理层级。"

绩效是在沃辛顿工业公司得以晋升的关键因素。教育对此也有所帮助,该公司设立了一个面向所有员工的报销学费计划,鼓励员工通过教育或在公司内部寻找其他岗位来自我开发,拓宽知识面,从而使自己变得更具"晋升潜力"。例如,在物色工厂经理的人选时,公司管理层审查候选人的关键是其领导能力和人际能力,而不是与岗位直接相关的业务知识。管理层寻找的人需要具备一种亲力亲为的管理风格并通情达理。由于沃辛顿工业公司非常注重团队合作,所以管理层也十分关注潜在主管和经理的团队工作能力。

重视奖励员工

沃辛顿工业公司的薪酬体系如何运作?该公司把薪酬标准定在所属地区同类工作薪酬的前四分之一,[12]每季度分配一次利润,平均"占员工基本工资的35%~55%。"[13]

整个利润分享计划被细分为面向四个群体的不同子计划,分别面向生产性员工、行政人员、专业人员、高级管理者。

上述四个群体的基本工资占总薪酬的比值各不相同。在组织中的职位越高，总薪酬面临的风险就越大，基本工资在总薪酬中的占比就越低。生产性员工总薪酬的75%~80%是基本工资，其余部分是分享的利润。然而，高级管理者的基本工资大约占总薪酬的40%。尽管如此，沃辛顿工业公司希望所有员工都能够获得高收入，实际上员工收入确实显著高于行业平均水平。为了实现该目标，每年必须有一些人的总薪酬面临风险。

尽管具体的比值逐年变化，但生产性员工、专业人员、行政人员的总利润规模，既取决于每家工厂的绩效，又与公司的整体绩效挂钩。然而，高级管理者分享的利润数额根据一个固定的公式核算，该公式并不会经常变化。

客户

现在我们讨论沃辛顿工业公司遵循黄金法则对待客户的问题。该公司对待客户的态度完全遵循哲学价值观宣言。沃辛顿工业公司高度重视客户，在绩效测量系统中强调成本、质量、服务，并以向客户提供高质量产品和高水平服务感到自豪，致力于不断改善客户服务。

沃辛顿工业公司使客户满意的主要因素是销售培训项目，这一点与林肯电气公司非常接近。沃辛顿工业公司的销售人员将要销售什么产品，就会被安排去该产品的生产工厂中工作半年。

在此期间，销售人员学会与生产性员工在一个团队中合作，满足客户的订单要求，并了解工厂的产能和订单的利润率。随着技术和技能培训的深入，销售人员能够为客户提供最高质量的产品和服务，甚至超过客户的要求。沃辛顿工业公司根本不会接受没有利润的订单。

通过为客户持续提供卓有成效的服务，销售人员能更好地发展和培育同客户的融洽关系，进而带来更多回头客。

这种哲学价值观的结果是每位员工都相信自己正从事的工作非常重要，并会给客户带来收益。

由于公司为员工的高绩效工作支付工资，并为员工提供分享利润的大量机会，所以面向客户的产品和服务必须高质量，否则就难以盈利。善待客户是该公司全部利益相关方关系体系和管理系统的重要部分。最终结果不言自明：股东获得高收益，员工得到高收入，客户获得高质量的产品和服务。

供应商

沃辛顿工业公司要求供应商对待自己，就像自己对待客户一样。作为对供应商公平的价格、优质的产品和服务的回报，沃辛顿工业公司承诺成为供应商的忠诚客户。纽柯钢铁公司既是沃辛顿工业公司的供应商，又是竞争对手。这两家公司覆盖的竞争市场没有太多重叠，由于前者符合后者对供应商的要求，所以沃辛顿工业公司更多地把纽柯钢铁公司视为供应商。

企业公民

沃辛顿工业公司的一名员工巧妙概括了公司对社会责任的态度，她说：

在沃辛顿工业公司，我们无须刻意遵循黄金法则，它就在我们心中。沃辛顿工业公司的哲学价值观融入了我们生活的方方面面——包括社区生活。

公司管理层鼓励员工承担社区事务，社区自豪感会提高员工的工作积极性。

该公司还为员工开展了一项立法事务计划，鼓励他们与当地官员、众议员、参议员联系，了解正在推进的立法工作，并把自己的意见公之于众。

沃辛顿工业公司哲学价值观的另外两个问题与基本结构、相辅相成系统中的协调与整合子系统密切相关，本节在此加以论述不无裨益。下面我们首先讨论组织和自治问题。

组织

沃辛顿工业公司组织结构的分权化程度非常高，也就是说各部分都享有广泛的自治权。然而，不同于纽柯钢铁公司，沃辛顿工业公司的采购职能采取集权管理模式。该公司试图把存在明显规模经济效应的职能集中起来。我们在前文已经讨论了沃辛顿工业公司着手外包交通运输和派送职能的决策。

在人力资源领域，该公司的各部分可以使用更多的共享服务。公司总部可以向分布在各地的所有业务单位提供人力资源服务，以便各单位能够得到相同的服务。对于新收购的公司而言，这一点尤其重要。

然而，沃辛顿工业公司倾向于采用 150 名员工以下的小型工厂，这有助于加强员工之间的沟通交流，增强其认同感和对公司的承诺。工厂经理通常享有非常广泛的自治权。公司以保持只有少数几个管理层级的扁平化组织结构而自豪,鼓励所有层级的管理者与员工密切交流。

沃辛顿工业公司把某些相似的业务组建为战略业务单元(SBUs),其中一个是托岭(Towlling)战略业务单元。该单元的业务覆盖热轧和冷轧钢材,由纽柯钢铁公司主要的钢铁厂构成。另一个战略业务单元由若干生产冷轧带钢产品的工厂组成,其产品的加工精度非常接近。

冷轧带钢战略业务单元与多年来作为一个战略业务单元组织起来的气瓶产品线结构基本相同。例如,用于燃气烤架或加热各种产品的丙烷气瓶,其容器往往由不同的工厂生产,这些工厂可以组建为一个战略业务单元。

沟通

沃辛顿工业公司对管理者和主管在人际技能方面的要求,以及每家工厂中员工委员会的组织和角色,都是促进与员工进行沟通的强有力机制。

沃辛顿工业公司对销售培训项目、理解客户、与客户有效沟通的重视都非常具有说服力。该公司还通过一个完善的互联网网站与当前和潜在的股东进行沟通。

综合控制论管理过程

我们现在已经完成了对沃辛顿工业公司管理系统中各子系统

的详细审查。图 11-4 和图 11-5 展示了该公司的正式和非正式管理系统。

每个子系统都源自该公司的哲学价值观宣言,且彼此相辅相成、相互促进。此外,正式管理系统支持非正式系统,促使彼此都卓有成效,进一步提高了潜在的绩效水平。

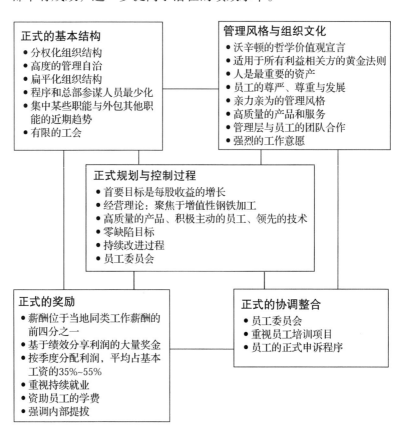

图 11-4 正式管理系统

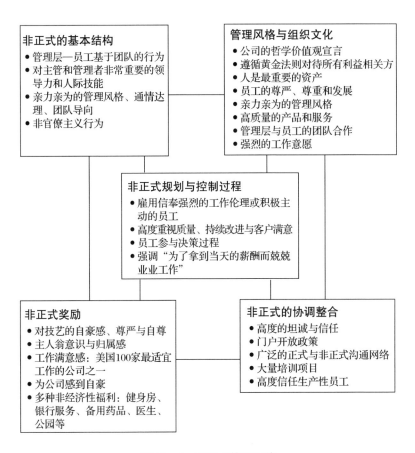

图 11-5 非正式管理系统

图 11-6 则描述了一个综合控制论管理过程，沃辛顿工业公司通过一支高薪且积极主动的员工队伍来满足客户的需求，进而实现股东的目标。

孕育敏捷和适应性的重要特质

正如我们在林肯电气公司和纽柯钢铁公司的例子中所言，6

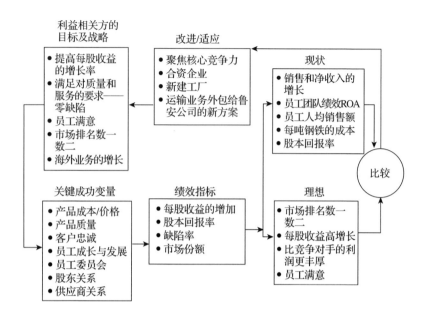

图 11-6　沃辛顿工业公司的综合控制论管理过程

个重要特质高度相互依赖，但在敏捷管理系统模型中，信任是成功的动力机制的关键。当企业管理系统的各部分相辅相成、非正式管理系统和正式管理系统相互支持时，系统思考就产生了。当管理系统与能够实现组织目标的管理过程步调一致时，系统思考将得到进一步激发。最后，这些因素提高了组织面对环境采取主动或被动反应的能力，我称之为敏捷。表 11-2 列出了该管理系统的各个方面，这些方面帮助沃辛顿工业公司表现出每种重要特质。

表 11-2　沃辛顿工业公司重要特质的来源

1. 信任
• 高度的员工自治与授权
• 员工委员会

（续）

1. 信任
• 遵循黄金法则哲学价值观对待所有利益相关方
• 把人视为最重要的资产
• 门户开放政策
• 给人们提供发展和成长机会。
• 平等的环境氛围
2. 承诺
• 薪酬位于当地同类工作薪酬的前四分之一
• 被视为美国 100 家最适宜工作的公司之一
• 给负责任的、卓有成效的员工提供持续就业。
• 利润分享计划
• 强调内部提拔
• 鼓励员工持股
• 对当地社区的自豪感
3. 冲突管理
• 处理投诉的公平程序
• 员工委员会进行同行审查
• 拒绝权术
• 员工队伍的有限工会化
• 遵循黄金法则对待利益相关方
• 具有卓越领导力和人际技能的管理者
• 管理层的"门户开放政策"和走动式管理
4. 学习
• 高度重视个人和组织的学习
• 强有力的销售培训项目
• 通过学费资助计划鼓励员工的成长和发展

(续)

5. 系统思考
• 沃辛顿工业公司立足整个公司构建利润分享机制
• 管理系统相辅相成
• 高度重视客户、员工、股东、供应商、社区
6. 敏捷/速度/适应性
• 总部参谋人员的人数少、相对扁平化的组织
• 非官僚主义的行为
• 重视核心竞争力
• 高度自治和授权
• 合资企业战略
• 利润分享计划

结论

我想在本章的结论部分强调两点：第一，尽管沃辛顿工业公司的首要目标是满足股东的预期，但管理层在各目标之间保持了平衡，并坚信要实现首要目标就必须切实满足客户需求，并把人视为最重要的资产。无论在言论上还是行动上，这确实是该公司遵循的一条黄金法则。

第二，自从1955年公司创建以来，约翰·H.麦康奈尔始终强调在沃辛顿工业公司机会无限。他时常挂在嘴边的一句话是："我们仅触及了皮毛。"直到今天，这种精神依然十分活跃。

注 释

1. 除了在沃辛顿工业公司总部进行的采访外，本章内容来源还包括：关于沃辛顿工业公司的三段录像，八年的 *Annual Reports*，每年向美国证券交易委员会提交的 10 - K 报告、沃辛顿工业公司网站. http://www.stockprofiles.com/wthg/logo.htm。
2. Form 10 - K, Worthington Industries, Inc., for the fiscal year ending May 13, 1998, filed with Securities and Exchange Commission, August 28, 1998, pages 1 - 2。
3. http://www.stockprofiles.com/wthg/logo.htm。
4. 出处同上。
5. 本节内容源自沃辛顿工业公司 1998 年 8 月 28 日提交给美国证券交易委员会的 10K - R405 表格中截止 1998 年 5 月 31 日的 1998 财年信息。
6. 1998 Summary *Annual Report*, Worthington Industries, 1205 Dearborn Drive, Columbus, OH, 2。
7. "Increase Your Yield," *Money Magazine* (November 1998)。
8. http://www.forbes.com/tool/toolbox/jan1/1998/8149.htm。
9. Robert Levering and Milton Moskowitz, *The* 100 *Best Companies to Work for in America*, rev ed. (New York：Penguin Group, 1994), 489 - 493。
10. *Fortune*, Time, Inc., New York, January 12, 1998, and January 11, 1999。
11. Levering and Moskowitz, *The* 100 *Best Companies to Work for in America*, 492。
12. 出处同上., p. 490。
13. 出处同上。

第 12 章　林肯电气公司与纽柯钢铁公司的经验教训

如前文所言,纽柯钢铁公司和林肯电气公司广泛运用了团队组织结构。在纽柯钢铁公司,团队是生产过程的核心,大多数生产性工作由 20～40 人组成的团队完成。为了执行完整的、重复的任务,团队的设计应该尽可能精简。

每家公司的管理系统都高度支持在团队内部和公司内部发展学习型组织的要求。

纽柯钢铁公司的高绩效团队[1]

纽柯钢铁公司在南卡罗来纳州弗洛伦斯(Florence)设有一家卢卡夫特工厂,下面是该厂中一个高绩效团队的例子:

位于弗洛伦斯市卢卡夫特工厂的生产性员工托尼·迈尔斯说:"如果你的轮班在两点钟开始,那么你应该在 1:00 或 1:15 到位。我们团队中最晚到位的人不会超过 1:30,以便提前把设备准备妥当，讨论彼此需要做什么才能顺利开展工作，就像比赛出场前的足球队一样。你不一定会开球，但你可以早早抵达做好充分准备。当哨子吹响时，我们必须准备就绪。我们有8个小时时间来赚钱，并且干得越多就赚得越多。"

支撑各种工业建筑、商业建筑和公共建筑需要使用金属骨架，而托梁是其关键部件。我们根据建筑工程师为特定项目设定的参数制造托梁。托梁的制造是一项专业事务，所以自动化的选择有限。你需要其他人帮忙，经由团队合作才能把这件事做好。

哈姆·洛特（Ham Lott）称索具台和焊点（托尼·迈尔斯所在的卢卡夫特生产线的两个连续岗位）是"全美国工作状态的最佳展示。"半成品空心托梁不断从生产线上下来。6名索具装配员迅速把30~50英寸的框架吊到索具台上，接着把金属夹角固定到位，根据每个团队都已经了解的示意图要求的复杂结构来加工。在不到1分钟时间里，托梁已经被处理完毕，准备妥当并沿着生产线移动到焊点，在那里8名员工宛如高度同步机器的触手一样聚集在托梁上。工人们戴着防护安全罩，焊接的火花闪现出耀眼的白光，有条不紊地进行一系列精密焊接。速度就是一切。然而，没有精确性，速度就什么都不是。下一个工作岗位是质检。一旦有一处焊点被遗漏，托梁可能会被退货，整个团队的奖金就会被取消。

主管在干吗？托尼说："瞧瞧我们的工作过程，你会发现根本看不出谁是主管，他是团队的一员，与大家分享同样的奖金。他并不在意是否成为掌权的大人物，真正在意的是制造合格产品，以便大家都能够赚得更多。我们都这么认为。"

绩效压力非常大,但实际上所有压力都来自于团队内部的其他成员,而不是任何管理者。

托尼说:"如果你是最拖拉的人,或者如果你把活儿搞砸了,那么每个人都会心知肚明。并且你最好明白他们也对你有意见,公司给新人 90 天时间来证明自己。但只需要大约 1 个月,我们就清楚他能否成功。起初,我们仅仅告诉他一些事情,解释他需要了解的事情。我们很努力地培训新人,因为这样会给我们自己带来更多收入。但如果某位新人不能胜任,那么团队就会把他赶走。关键问题不是是否喜欢他,而是我们自己需要谋生。新人要么成功,要么被赶走。"[2]

林肯电气公司的高绩效团队

林肯电气公司的首次收购发生在美国。某个周五,高管们正在洽谈收购一家公司。尽管上周一林肯电气公司的一位高管被邀请参加,但由于工厂在 8 月假期期间正常关闭,所以没有员工能够到会。该高管被指派负责把收购的整个企业,包括所有原材料和成品,从克利夫兰市中心的两家工厂转移到该市郊区的主要工厂。接下来,他着手拆除这两家工厂,并移走所有关键设备,以便下周一上午被收购公司员工不能在老地方继续作业。他被告知这些行动必须高度保密,因为在下周一会与代表被收购公司员工的工会之间有一场谈判。

这位高管必须在不检查工作场所的情况下设想工作岗位,并估算需要多少资源。他估计需要 170 名叉车司机、34 辆半挂车,这些资源必须通过合同得到确保。接下来，他会召集各位主管，以挑选从事这项工作所需的团队成员，并通知相关员工需要在其休假期间提供帮助。接下来必须培训叉车司机，因为克利夫兰工厂中不能提供170名现成的叉车司机。他们必须在周五晚上6:30开始行动——具有军事行动的精确性。

该高管接管这家工厂，并在周五下午4:30召集220名员工，直到下午4:10，林肯电气公司的副总裁告诉他，收购协议尚未签署。当时副总裁告诉这位高管，"如果我不能签下协议，那么我就不回来了。你来负责如何面对这些员工。"最后，协议在4:20终于签署！

在仅有最低限度监督的情况下，被召集的林肯电气公司员工共搬运了2400万磅产品。到周日上午11点，设备全部就位，主要工厂已经准备好开工投产。到周一上午8点，该工厂已经能够生产具有竞争力的产品。没人受伤，仅出现了两个小意外——唯一的抱怨来自当地警察，他们要求半挂车司机降低车速（林肯电气公司根据件数给司机支付薪酬！）。

被收购公司的管理层无法相信林肯电气公司员工能够做到每小时搬运9卡车原材料，相比之下，被收购公司仅能做到每天搬运4卡车原材料。叉车司机会卸下运输的货物，陆续返回，与此同时其他人会过来重新装载原材料货盘。

这就是林肯电气公司员工的风貌。他们向来擅长应对艰巨挑战，最高管理层对他们充满信心。[3]

敏捷/学习型组织的构成：系统动力机制模型

现在，我们可以通过审视学习型组织所要求的系统动力机制模型，来研究孕育敏捷和学习的团队各方面。[4]

企业成为学习型组织的需要

由于新知识和新技术的发现、工业化的深入开展、世界人口的增长、各国经济体系的相互依赖等，企业界发生变革的速度越来越快。快速变革要求企业提高学习能力，转变为敏捷组织，以便主动应对竞争威胁，抓住新机遇。

组织的发展和竞争优势越来越依赖于持续不断地学习和创造新知识的能力，并且组织的竞争优势越来越体现在人身上，具体而言是受过充分培训的知识工作者。

通过重组管理系统提高学习能力（也就是创建学习型组织或敏捷组织），组织能够更好地应对面临的挑战。根据彼得·圣吉的研究[5,6]，创建学习型组织需要进行五项修炼。林肯电气公司、纽柯钢铁公司、沃辛顿工业公司都能够找到这五项修炼的实例，下文的讨论仅限于前两家公司的具体例子。

这五项修炼包括：

- 系统思考业务流程和遇到的难题。
- 通过在组织中创建实现个人愿景、学习、成长的条件达到自我超越。
- 不同个人、群体、学科背景的人组成的团队、政策委员会、工程团队、计划团队、行政人员孕育的共同愿景，或作为一个整体的组织希望创造的共同愿景。
- 开发新的、改进的因果关系心智模式，该模式会影响企业遭遇的各种难题。
- 团队学习过程的开发。

尤其需要注意，团队学习过程中组织中的个体成员能够学会和谐共处，利用自身的独特技能来支持其他成员的才能。团队学习的目标是为问题提供解决方案，这些方案产生的价值超过团队成员独自处理业务问题所产生的价值总和。

现在我们来考查从事上述每项修炼所需的条件，这些条件可以通过组织管理系统的设计得到满足。

系统思考

管理系统的设计对组织及内部各团队的学习能力、在学习过程中培育竞争优势的能力具有重要影响。随着时间的流逝，管理系统内部的各子系统彼此相互影响。这种相互影响可以称为不同的因果关系模式。当各子系统相互协调一致时，就会彼此支持，有助于学习型组织的发展。相反，当各子系统彼此不协调时，就会成为创建学习型组织的障碍。

系统思考把因果关系模式视为循环而不是直线。系统思考的核心是反馈概念。反馈模式是理解动态过程的核心，这些模式能够解释动态过程中涉及的变量如何保持平衡及相辅相成。

因果循环时常带来难题。各系统中的因果循环模式会把某个变量与第一个变量联系起来。我们将这些因果循环称为因果圈。

图 12-1 是因果圈的一个例子。A 影响 B，B 进而影响 C，C 反过来影响 A。让我们回顾表明这种因果圈运作方式的另一个例子，该例子处于管理过程的动态环境中。

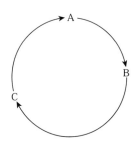

图 12-1　因果圈

我们假定组织中一名成员向另一名成员表示信任（行动 A）。在行动 A 的影响下，后者可能会承担更多责任，以确保实现预期的后果（行动 B）。增加的后果可能导致第三名成员向第一名成员表达自己的看法，认为第二名成员比较可靠，有望执行更艰巨的任务，进而使得第一名成员增进了对第二名成员的信任（行动 C）。从而形成了一个正强化的因果循环。相反的情况也可能会出现。降低信任可能会导致成员放弃努力，从而导致信任进一步降低。这也是一个相互强化的循环，但其方向是负强化。

相互强化的循环不会一直存在，只有满足特定的条件才会促使这种情况出现。系统思考认识到，某个变量的改变会导致辅助变量发生变化。这些变化一开始并不明显，但随着时间的推移会逐渐产生影响，进而制约相互强化的过程。例如，如果第三位成员无意中听说第一位成员对第二位成员缺乏信任，那么第三位成员可能会对第二位成员表现出信任，从而抵消对第二位成员的信任度的螺旋式下降，因此第二个因果圈抵消了第一个因果圈。

许多相互强化的过程需要经历一定时间才会产生效果，换言之，也可能会出现时滞。所谓时滞，是指一个变量的变化对另一个变量产生影响所需要的时间。抵消第一个因果圈的第二个因果圈产生效果需要一定的时间。因此，时滞概念是系统思考的第三个构成部分，与相互强化圈、相互抵消（反馈）圈并列。在管理实践中，我们观察到的许多动态都是由于未识别或未预见到的时滞造成的。与时滞相关的时间越长、变量越多，超出系统目标的可能性就越大。从管理系统的角度来看，设计者能够利用对动态系统思考的理解来增强管理系统的相互支持和适应性维度。

基于前面的讨论，我们需要注意的一条普遍原则是：当一个相互强化过程开始运作并达到预期成果时，通常发挥缓解作用的辅助、相互抵消过程也会被引发。

在相互支持的子系统模型中，当某个子系统或要素发生变化时，我们应检查子系统或要素之间的相互关系才能理解辅助效果。例如，为削减成本，管理层可能会减少整个组织内的电话数量。如果该组织成员通常使用电话留言进行非正式沟通，那么减少电话数量可能会造成协调困难、效率降低，进而提高成本，其数额可能会超过节约的电话成本。这就是系统地看待变化会带来的结果。

在管理过程中经常会出现的另一个难题由时滞引起，即管理层往往对某个问题反应过度，对问题矫枉过正或重复纠正。还有一个动态的难题是降低预期。这种情况出现在问题非常复杂，而管理层没有解决方案的时候。降低预期或调低目标可以缓解压力，缩小实际绩效与预期目标之间的差距。然而，这种方式往往会减小取得的成就。

我们必须从开放系统的角度来看待和分析学习型组织。学习型组织是对环境变化持开放态度的组织；是寻求不断适应这种变化的组织；并且对组织想要其成员实现的目标已经形成了一个共同愿景。共同愿景鼓励个人学习和团队合作解决问题，不断追求新知识，这些新知识是员工积极性和组织竞争优势的源泉。在林肯电气公司和纽柯钢铁公司，我们显然能够发现这些特质。

学习型组织最适合的管理风格是辅导型和参与型。现如今，社会环境变化的速度非常快，高管人员负责制定战略、其他成员负责执行战略的权威型、命令型、控制型管理系统难以敏捷地适应环境。此外，这些传统管理系统无法充分挖掘组织中各级人员的潜力。

学习型组织需要的管理系统，应该能够鼓励组织中所有人开发自己的才能、挖掘自己的潜力。此外，组织利用所有成员才能的方式，应该符合组织的整体愿景。在学习型组织中，人成为最宝贵的资产。企业要成功适应日新月异的环境，管理层就必须把人的发展作为最重要的任务。

学习型组织管理系统的动力机制

坦诚与信任的文化价值观

在新组建的团队中，领导者首先需要做的就是树立一种坦诚与信任的文化价值观。如果缺乏坦诚与信任，那么团队不太可能成为学习型组织。坦诚是某人对待他人的方式，并且"当两个或两个以上的人愿意在彼此面前反思自己确定无疑的事情时，即为坦诚相待……如果坦诚是人际关系的一种品质，那么缔造坦诚的组织所需的最有效行动之一可能就是塑造坦诚的人际关系。"[7] 毫无疑问，詹姆斯·林肯和肯·艾弗森都对此深信不疑。

如何在团队或组织中孕育坦诚的品质呢？汉诺威保险公司㊀前任总裁威廉·奥布莱恩（William O'Brien）相信："坦诚的冲动是爱的本质。爱是坦诚相待的基础，其最佳定义是对于另一个人的自我实现、达到能够成为或想要成为之自我的无条件、完全承诺。"[8] 林肯电气公司、纽柯钢铁公司与沃辛顿工业公司人力资源实践的突出特征就是高度重视人的发展并且不设定上限。

坦诚与信任密切相关。某人如果选择披露某些本来会隐瞒之事，就表明存在信任。信任需要群体成员之间有共同的经历和感情。情感信任立足于分享敏感信息这一有限但成功的经历；而弹性信任则基于人们之间长期的成功互动。

通过培育坦诚与信任的文化价值观，组织的领导者能够营造一种氛围，鼓励所有团队成员全方位参与团队活动。在没有权威的不当影响时，员工才会参与团队活动，需要注意的是，林肯电气公司和纽柯钢铁公司都属于这种情况。其基本理念是团队成员之间普遍存在坦诚、自由的沟通。坦诚与信任带来的好处是，某位成员将不会按照主导成员强加的观念参与团队活动，从而有助于所有成员表达自己的观点。例如，纽柯钢铁公司的最高管理层

㊀ 汉诺威保险公司（Hanover Insurance Company），美国企业，1852 年由一群投资者共同创建。——译者注

成员之间时常产生尖锐分歧,但他们怀有共同的愿景和目标,这就使他们能够为解决问题携手前行。哈斯廷斯曾经谈到林肯电气公司内部艰难的合作与让步,但该公司管理层和员工都一致支持企业的目标。

只有在最高管理层对负责某项目的高管、休假归来的主管与员工高度信任的情况下,林肯电气公司的项目才能迅速加快进度。团队领导者与成员之间的协调一致表明,存在高度坦诚的沟通过程以及团队所有成员相互高度信任。

开发共同愿景

有了坦诚与信任的文化价值观,团队成员就能够在从事团队任务时对执行既定操作的"最佳方式"没有先入之见或偏见,继而在解决问题的会议上自由进行思想交流(对话),权衡相关建议的利弊。自由交流思想非常有助于为项目或团队任务创建一个共同愿景,也有助于团队寻找优化各项工作以实现目标的替代方案。然而需要注意的是,因果关系可能反向发挥作用:一个鼓舞人心的新愿景本身就能促进团队内部的坦诚与信任!

共同愿景是对未来的积极展望,未来对团队的每位成员都非常重要。共同愿景回答了"作为一个团队我们想要干什么"的问题。在前文林肯电气公司的例子中,团队想要拆除并搬运被收购企业的设备到林肯的主要工厂,并在 72 小时内使相关设备在新位置上启动运行。在纽柯钢铁公司的例子中,团队的共同愿景是持续增加符合规格的产品以赚到更多奖金。正是该愿景孕育了学习和寻求解决问题的动力,这些问题不可避免地会出现,我们必须予以解决,才能创造"理想的未来。"愿景迫使我们拓展,拓展迫使我们学习。如果对未来缺乏积极乐观的愿景,那么自然的熵[一]力将逐渐把团队成员拉向彼此分离的反方向。此外,由于团队成员在分享共同愿景的过程中对重大问题逐渐形成一致意见,所以牢固的共同愿景可以帮助他们信任彼此。

坦诚与信任的文化价值观有助于个人分享自己的梦想和抱负,一段时间以后,团队成员之间相互倾听的氛围会孕育一个整体的共同愿景,反过来帮助每位团队成员实现自己的梦想。

那些致力于共同愿景的人需要付出大量精力才能使其成为现实。他们认为自己对愿景的成功负有责任,进而会招聘能够致力于该愿景的其他员工。愿景及相关种种言论孕育了力量、激情与行动。

并非每位团队成员都笃信共同愿景。不同程度的承诺往往更加常见。那些致力于实现共同愿景的人,必须努力说服其他人相信其重要性和价值。后者对共同愿景的承诺水平远低于前者。对于那些随大流的人而言,共同愿景有助于他们获得自己想要的其他东西——金钱、安全感、地位、人际关系、生活方式等。然而,组织或团队要想卓有成效,所有团队成员起码必须与共同愿景不冲突。怀疑可以表达出来,但团队要想获得成功,绝不能容忍部分成员愤世嫉俗。

所有上述活动都属于非正式的规划活动。一旦改进的过程得以启动,团队成员可能会更充分支持进一步的改进过程。这会创

[一] 熵(enthropic),物理学概念,也被广泛应用于社会科学,指孤立系统不可能朝低熵的状态发展,即不会变得有序。——译者注

造一个培养团队学习或员工学习的环境：一名团队成员对另一名成员的见解加以完善，团队整体大于各部分之和。在这种环境中运作一段时间（期间团队会开发并改进相关技能）以后，改进过程会提供相互强化的反馈，以提高坦诚与信任的水平。这进一步强化了其他活动，提高了这些活动的效率。

图12-2展示了关于非正式活动的相互强化系统，该系统有助于团队实现目标并转变为学习型组织。在林肯电气公司和纽柯钢铁公司的管理系统中，可以发现大量非正式活动，对此我们不应感到惊讶。因为这两家企业都属于强有力的学习型组织。

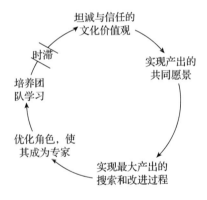

图12-2　关于非正式活动的相互强化系统

用于解决问题的搜索和改进过程

搜索和改进过程是非正式规划和解决问题的过程，涉及团队成员寻求对当前问题的理解，以便决定未来要采取的行动。该过程包括数据收集、联系团队内的专家以及组织内外的其他专家、回顾以往的经验、并往往寻求加深对团队所面临问题的理解。无论纵向还是横向，该过程都高度依赖坦诚和自由的沟通。如果跨职能部门的沟通和问题解决渠道不畅通，那么搜索和改进过程将会受到阻碍。这就是我们认为从业规则对学习过程有害的原因，也是纽柯钢铁公司和林肯电气公司始终抵制员工工会化的原因。给员工授权已经在林肯电气公司存在了接近一个世纪，在纽柯钢铁公司也已存在了数十年。授权不再是一种新管理理念，已成为一种常规操作程序。

在坦诚、信任、共同愿景构成的氛围中，团队成员有意愿参与对话和讨论，以确定解决问题的最佳行动方案。解决问题需要准确识别并分析与问题相关的因果关系。有许多工具可用于理解数据的含义并辅助特定的行动。准确界定问题可能需要复杂的数据，在此过程中，结构化分析技术可能会有效地发挥作用，这类技术包括与全面质量管理相关的许多工具。

若团队的共同愿景没有转化为现实，通常可能是由于因果关系模型存在错误（我们对世界的认识确实模糊不清！）。换言之，我们关于现实的模型往往是不正确的，这意味着当我们付诸行动时，不一定能够实现想要的目标。许多问题涉及因果循环，某个问题的要素可能既是其他要素的原因，又是另一些要素的结果。要发现适合解决问题的心智模式，需要整个团队齐心协力，这反过来又要求团队成员彼此对话、坦诚讨论并弥合分歧。

要解决问题，我们必须首先准确理解问题及其解决方案，进而把推理过程展示给其他团队成员，其他成员也应积极表达意见并公开自己的推理过程。我们应该自由质疑各自因果假设背后的潜在假设。如果可行，我们应该进行试验或调查，必要时可以采用团队用来解决问题的新技术。

竞争可能迫使我们改变心智模式。例如，竞争对手大幅削减成本或缩短周期，可能会让我们对生产产品和服务的方式产生怀疑。

面对日益降低服务成本的竞争对手（例如低成本、低舒适度的航空公司），重视某种特定职能的企业可能会面临巨大压力。因此，这些企业会被迫重新考虑自身的业务模式或经营理论，即市场对成本、质量、职能问题如何反应。在纽柯钢铁公司的团队案例中，外人仅靠观察无法区分主管和员工的身份。由于团队成员与主管拥有相同的目标，所以人人都要做力所能及的事以实现团队目标。当从业规则非常灵活时，这是有可能实现的。

成为团队中的专家

一旦改进的过程得以启动，团队成员应该被鼓励充分支持进一步的改进过程。

临时角色是基于团队的需求和成员的专业知识在团队中构建的非正式关系和责任。由于拥有专业知识的团队成员最有资格处理相关问题，所以团队中的合作规范允许某位成员承担领导责任。这一点在纽柯钢铁公司和林肯电气公司的团队中都非常明显。

纽柯钢铁公司及其他小型钢铁厂取得的成就，会促使综合钢铁生产商质疑自己的生产方法和心智模式。纽柯钢铁公司的生产性员工一直在努力改进工艺和设备，以提高合格产品的产量。

基于坦诚、信任、共同愿景的非正式关系允许出现临时角色，对项目愿景的承诺以对团队及其愿景最有帮助的方式提高了每位成员的"服务意愿"。学习型组织的这个维度使每位团队成员都能够意识到彼此的才能，进而相互调整彼此适应——犹如一支优秀的篮球队。团队中的各位成员不会角色不清或受制于各自能做什么的限制性从业规则，而会使自身的特长符合具体任务的需要。

团队学习

图12-2展示的整个相互强化系统为培养团队学习和创造知识提供了可能。该系统假定存在大量与组织通常实际运作不符的因素。下面让我们来回顾一下促进团队学习的关键因素。

这种相互强化循环表现了以指挥控制为特征的等级制组织日益弱化，以工作为基础的横向组织日益受到重视。这些横向组织主要基于团队（管理团队、产品开发团队、项目管理团队、跨职能团队、再造团队、项目改进团队），旨在解决重要的业务问题。横向组织有助于更有效地发挥人性的高贵品质——道德、尊严、创造力、理性、管理能力和亲缘关系等。

学习是人性的基础本能，也是较强烈的本能之一。当人们被允许对于自己想要创造的事物形成一种愿景（个人的和共同的）时，就会非常快地进行学习。

对于解决问题的新方法，我们持欢迎态度，并准备让那些掌握项目所需专业知识的人在项目中发挥领导作用。项目的进展状况越好，就越能激励我们以团队形式合作并保持成员身份。作为高绩效团队的一员是令人振奋和激动人心的经历，本质上也让成员受益匪浅。

在这种环境中运作一段时间（期间团队会开发并改进相关技能）以后，改进过程会提供相互强化的反馈，以提高坦诚与信任的水平，这进一步强化了其他活动并提升了它们的效果。

纽柯钢铁公司的奖金制度、林肯电气公司的计件工资制和奖金制度为培训新团队成员的老成员提供相应的报酬，从而有助于提高产品的数量和质量。前文中提到的两个团队是每家企业内部学习过程的微观示例。

在考察了学习型组织的竞争力和潜在的人类动机（包括纽柯钢铁公司和林肯电气公司的例子）之后，我们会面临下述难以回答的问题：为什么我们没有在现实中看到更多这样的例子？

学习型组织成长和发展的抵消性因素

图12-3为图12-2所示的学习型组织的发展引入了许多潜在的制约性或抵消性因素。这些因素要么限制了学习型组织的效果，要么会使其失败。鉴于现实中学习型组织非常稀少，所以我们必须假设多数组织中都存在这些抵消性因素，并且其影响非常强烈。似乎在所有团队、所有组织中都至少有5种抵消性因素存在并发挥作用。能够把抵消性因素最小化的组织，有望取得卓越的绩效并获得可持续的竞争优势。

遭遇挫折的团队可能面临下述情形：团队中有一名领导者或支配型成员，此人对该团队应如何推进或行动持有强烈的先入为主观念。领导者或支配型成员操纵团队的行为往往出于自私目的，而不是为了追求团队利益。直线经理可能参与官僚之间的权斗，而不是以促进跨职能整合的方式行事，而这种方式是成功解决问题的团队行为所必需的。官僚主义行为阻碍了坦诚与信任的发展，如果团队付出的努力想要取得效果，就必须通过跨职能合作的文化价值观来扭转这种状况。林肯电气公司和纽柯钢铁公司的例子生动地说明了这一点。

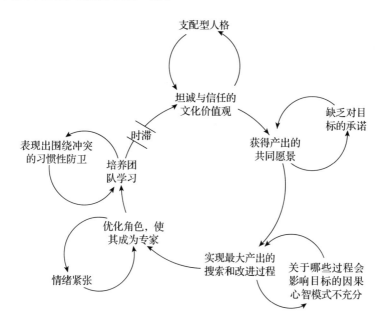

图 12-3　学习型组织发展的抵消性因素

支配型成员可能来自组织内某个高层岗位，其存在显然会损害坦诚与信任的文化价值观。由于该成员威胁到团队内部的关键对话和讨论过程，所以对于团队的成功可能造成致命打击。在本书作者熟悉的一家工程企业中，有一位产品工程经理在一个产品开发团队中兼任项目经理，同时向整个企业的工程总监汇报工作。通过使组织扁平化和取消产品工程经理岗位，产品开发工作就会取消日常的直接监督，有助于培养坦诚与信任的氛围。

这位经理在产品开发工作的日常管理中始终是主导力量，并试图严格控制项目团队内部的沟通交流。后来他被免职，不仅减少了团队内的权斗，还增强了组织内的坦诚与信任氛围。这对于非正式规划活动相互强化系统的其他方面也产生了积极影响。

沿着相互强化圈顺时针前进,可见另一个抵消性因素是缺乏对目标的承诺,进而会侵蚀共同愿景。承诺可以划分为不同程度,最低承诺是不冲突,最高承诺是全心全意致力于此。全心全意致力于共同愿景的团队成员,为了使其成功甘愿做任何必要之事。随着承诺水平的下降,用于实现目标的精力和动力也会随之衰退。

对愿景的全心全意承诺在一个组织中非常少见。通常情况下,大多数成员对组织想要实现的目标持默认态度,而不会有非常高的承诺。正因为如此,林肯电气公司和纽柯钢铁公司的例子才显得弥足珍贵。

团队成员对愿景采取的最糟糕态度是积极抵制或漠不关心。为了团队的成功,领导者不应容忍这种态度。真正致力于实现共同愿景的人往往充满激情和动力,那些仅限于顺从的人显然无法做到。

成员对团队目标漠不关心的态度可能会因竞争对手的重大威胁而突然改变。恐惧确实会产生强大的动力,让人们积极分享团队愿景,促进团队成员的成长和发展,但恐惧不会成为持续学习和人类发展的源泉。因此,恐惧可以带来改变和承诺,但梦想和抱负才是实现个人和组织成长发展更强大的可持续源泉。

此处,就个人对于团队共享愿景的确立和实现而言,我们认识到了个人实现自我超越的重要性。

在确立共同愿景与孕育坦诚信任的氛围之间存在重要的反馈关系。一个激发团队想象力的新愿景能够创造一种积极参与解决问题的意愿，进而会创造一种新的坦诚与信任。换言之，新愿景是发展一种新水平的坦诚与信任的手段。

即使某位成员致力于团队目标，并遵从一种坦诚与信任的文化价值观，但如果缺乏一个合适的因果模型，那么团队仍有可能遭遇失败。由于存在时滞和干扰因素的影响，搜索和改进过程可能无法达成我们想要的许多行为的效果。系统模型有助于改进我们的心智模式，但归根结底，团队面临的许多问题至少在一定程度上是非常棘手的。通过鼓励横向沟通、团队成员成为专家、全部成员参与问题的解决、认可团队成员在问题解决过程中的巨大作用，领导者已经大大增加了团队获得解决问题及改进管理过程的方案的机会。

尽管团队成员都是带着熟练的专业知识参与到项目中，但他们必须进行自我调整以适应项目工作的要求，并与其他成员的技能相互匹配。当团队成员开始执行项目要求的任务时，往往会经历跨职能工作关系的角色模糊和冲突阶段。角色冲突可能导致团队成员情绪紧张和团队绩效下滑。焦点可能从富有创造力的紧张转变为破坏性的情绪紧张（或诽谤）。情绪紧张限制了团队成员实现自我超越的能力。

情绪紧张的一个重要来源是我们在寻求解决某个项目的新领域或新兴专业领域的创造性问题时的感受。人际冲突引起的情绪紧张与此不同，可能导致团队只能确立一个较容易实现的愿景。从这个意义上讲，人际冲突引起的情绪紧张不利于学习过程。另外，创造性的多样化造成的情绪紧张，可能是一股激励团队成员适应角色并加倍努力解决项目问题的积极力量。

换句话说，情绪紧张可能是一股源于愿景与现实之间张力（彼得·圣吉称之为创造性张力）的积极力量，或者情绪紧张也可能会迫使成员把越来越多时间用在模糊的角色上，对成员追求团队目标造成干扰。

总结一下关于情绪紧张的讨论，我们认为，错误的情绪紧张可能会抵消积极力量，该力量原本会鼓励相互支持的临时角色，但正确的情绪紧张可能会给个人和团队提供动力。

为了实现团队学习，我们必须围绕愿景及实现愿景过程中涉及的问题进行坦诚的讨论和对话。习惯性防卫是"保护我们或他人免受威胁或尴尬，但也妨碍着我们学习的习惯性互动方式。"[9] 由于习惯性防卫使我们远离真相，因此也让我们远离了学习，导致愿景难以实现。

当团队开始体验到学习和实现愿景的喜悦时，习惯性防卫就会开始消退，对真相的承诺和互帮互助共同成长的承诺会进一步促进知识的创造。习惯性防卫的缓解为日益增加的学习活动腾出了空间，因此，这种相互强化循环会进一步加强。

总之，我们的分析表明，非正式管理系统可能促进也可能阻碍团队学习。控制系统的正式要素也会与非正式要素相互作用，进而促进或阻碍学习。图12-4表明了控制系统的正式要素与非正式要素之间的相互作用。

图12-4左侧的两项活动属于非正式管理系统，涉及搜索数据、寻找新方向、形成计划。这些活动在组织面临巨大变化的时期最为普遍。右侧的抵消性反馈准确说明了正式和非正式过程的关系。正式规划与控制被视为实现共同愿景之中间目标的正式方

面。这些关于项目工作的正式活动包括测量实际绩效与愿景（或实现愿景的里程碑）之间的差距，以及在规划、预算、资源分配、汇报流程中采取措施缩小该差距。

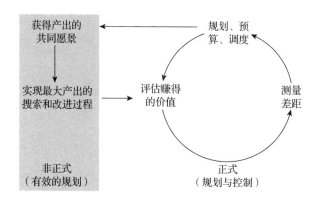

图 12 - 4　正式要素与非正式要素之间的相互作用

正式过程与非正式过程相互作用，有助于团队实现目标。非正式活动为填平愿景和现实之间的差距（由正式测量来确定）提供了想象力和精力，有助于团队的努力有的放矢。正式和非正式活动都与学习型组织有关，但正如本章开头的两个例子表明的，非正式活动往往更加重要。

图 12 - 5 表明，在整个动态管理系统环境中的正式和非正式活动，可以孕育一个相互支持、相辅相成的学习系统，表现为一个相互强化圈，我们可以称之为适应性管理或学习引擎。这个相互强化圈显示了正式和非正式奖励（作为测量的结果）对团队学习的额外影响，从而把该管理系统的结构方面和过程方面联系起来。

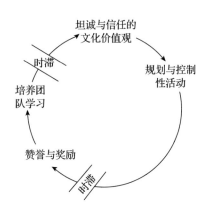

图 12-5　学习引擎

只要考察过林肯电气公司和纽柯钢铁公司的奖励和赞誉系统，都不会怀疑激励、奖励、认可对企业产生的卓越成果具有重大作用。然而在每家公司，强有力的奖励之所以奏效，都是因为在相辅相成的管理系统中存在其他因素。如果脱离组织管理系统中产生信任的因素，奖励系统就不会发挥作用。这正是两家企业的最高管理层及创始人坚定不移的信念。

最后，当管理系统对团队绩效产生影响时，我们得以看清整个系统的动力机制。图 12-6 完整地展示了该机制，左上角是两个以前从未讨论过的管理结构要素，共同为团队设置了初始条件。对团队成员的初始培训和教导是一个要素，团队的基本结构和正式契约是另一个要素。我们可以在纽柯钢铁公司和林肯电气公司的运营中发现这两个要素。

我们熟悉的文化价值观、愿景、搜索等是图上的相互强化圈，同时还有五种潜在的抵消性因素位于外部。正式的规划及对抵消性活动的控制有助于促进非正式规划过程。位于外部的测量和奖励圈加强了结构图底部的团队学习。

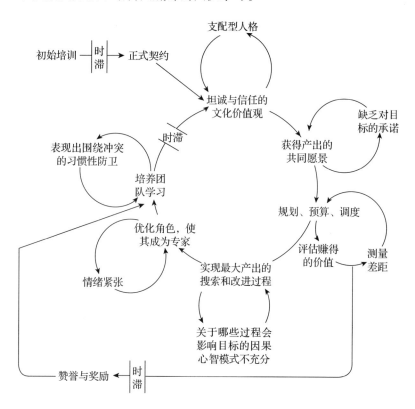

图 12-6　整个管理系统的动力机制

团队的运作很大程度上受到团队领导成功处理下列事务的影响，即通过灵活运用正式和非正式管理系统的合适要素来创造相互支持、相辅相成的循环，从而把抵消性因素的影响降至最低。

结论

本章描述的学习型组织的若干特征，能够在许多运作良好的组织中找到。本书中作为例子的上市公司已经发展为学习型组织，其方式不是通过凭空设计，而是通过应用从卓越的管理实践中总结出的基本原则和价值观。本书的主要目的之一就是系统性地分析这些例子。正如罗伯特·贝拉（Robert N. Bellah）等人所言：

> 我们可以看到不少运作良好的组织机构，它们给予成员一种目标和身份，其方式不是塑造成员使他们保持一致，而是使他们在面临某种挑战时变得积极、创新、负责进而感到开心快乐，之所以能够做到这一点，是因为成员认可所做之事及其重要性。[10]

此外，由于美国的各类组织需要满足资本市场的要求，所以我们可以看到资本主义体制给其带来的困难。满足资本市场的要求可能对发展学习型组织所需的坦诚与信任的文化价值观产生破坏性影响。罗伯特·贝拉等人指出：

> 被收购的前景营造了一种氛围，身处其中的每个人都心怀疑虑准备逃离，为自身利益考虑，不论长期代价有多高，都要让下一季度的报表看起来光鲜亮丽，从而为寻找下一份工作增加筹码。通过剥离我们最宝贵的经济资产（也就是人们通过相互理解和信任产生的创造性互动），我们一边在不断组建各种提升竞争力委员会，一边却在损害组织的长期生存能力。[11]

组织应该扩展资产概念的范围，尤其是在如今知识工作的新时代更应如此。实际上，我们需要一种全新的、完全不同的会计方法，不仅应该关注资本的财务和物质层面，更应关注人力资本及其开发。反过来,人力资本的效果越来越依赖于我们在工作场所构建和发展的社区。这些社区创造了另一种形式的资本——社会资本。罗伯特·帕特南对物质资本、人力资本与社会资本的比较如下:

> 社会资本指的是网络、规范、信任等社会组织的特征,有助于协调与合作,实现互利共赢。社会资本可以增加物质资本和人力资本投资的收益。网络、规范、信任等社会资本存量往往能够自我强化与积累。成功地合作处理某件事情能够创造信任与联系,成为促进未来在其他任务中彼此合作的社会资本。与传统形式的资本一样,拥有社会资本的人往往会积累更多已有资本。社会资本是社会哲学家阿尔伯特·赫希曼㊀所谓的"道德资源",也就是说,这种资源使用得越多,供给就越多,而不是减少,并且如果不使用就会逐渐枯竭(这不同于物质资本)。[12]

创造社会资本是学习型组织的基础与核心。本书介绍的三家企业都创造了高水平的社会资本。

㊀ 阿尔伯特·赫希曼(Albert O. Hirschman,1915—2012),美国经济学家、思想家,研究领域为发展经济学、政治意识形态等,代表作《反动的修辞》(*The Rhetoric of Reaction*)。——译者注

注 释

1. 转引自 Ken Iverson 和 Tom Varian, *Plain Talk：Lessons from a Business Maverick*（New York：John Wiley & Sons, 1998）, 108 – 110. Reprinted by permission of John Wiley & Sons, Inc。
2. Ken Iverson with Tom Varian, *Plain Talk：Lessons from a Business Maverick*（New York：John Wiley & Sons, 1998）, 108 – 110。
3. 1996 年 10 月，长期担任林肯电气公司 CEO 助理的理查德·萨博向作者讲述了这个例子。
4. 本章中用于分析这两个团队的系统动力机制模型由 Robert Severino 运用 Joseph Maciariello 和 Calvin Kirby 设计的框架开发。
5. Peter Senge, *The Fifth Discipline*（New York：Doubleday/Currency, 1990）。
6. Peter Senge, Richard Ross, Bryan Smith, Charlotte Roberts, and Art Kleiner, *The Fifth Discipline Fieldbook*（New York：Doubleday/Currency, 1994）。
7. Definition attributed to David Bohm in Peter M. Senge, *The Fifth Discipline*, 284。
8. 出处同上., p. 285。
9. 出处同上., p. 237。
10. Robert N. Bellah, Richard Madsen, William Sullivan, Ann Swindler, and Steven M. Tipton, *The Good Society*（New York：Vintage Books, 1991）, 50。
11, 出处同上., p. 95。
12. Robert D. Putnam, "The Prosperous Community：Social Capital and Public Life," *American Prospect*（spring 1993）：35 – 38。

结语　林肯电气公司遵循黄金法则的激励管理

作为本书的结语，这一章我们将从历史角度论述林肯电气公司的激励系统、文化价值观与管理系统。你将会发现，该公司已经按照人类已知的最佳管理方法管理了一个世纪。

我们论述的起点是泰罗（1856—1915）⊖从事的工作。如果我们仔细考察泰罗的工作，会发现正是在他最富有成效的时期（19世纪末至20世纪初），约翰·林肯创建了林肯电气公司。1911年詹姆斯·林肯接管林肯电气公司时，泰罗发表了"车间管理"（*Shop Management*），这篇论文最早在1903年美国机械工程师协会⊜在萨

⊖ 泰罗（Frederick W. Taylor，1856—1915），科学管理之父，主张以科学取代经验，以合作取代对抗，效率与人性统一，代表作《科学管理原理》。——译者注

⊜ 美国机械工程师协会（American Society of Mechanical Engineers），美国的专业协会，成立于1880年，1886年泰罗加入该协会，1906年当选为主席。——译者注

拉托加斯普林斯^㊀召开的会议上公布,[1] 概括了计件工作和计件工资制的若干具体内容。詹姆斯·林肯借鉴了泰罗在这篇论文中的某些观点,例如泰罗说:

> 可以确定地讲,任何管理系统或计划,如果不能长期令雇主和雇员感到满意,都不应予以采用,这并不表明双方的最佳利益一致,也不会孕育促进双方团结而不是分道扬镳的真诚与无私合作……作者撰写本文的目的是倡导把高工资和低劳动力成本作为最佳管理的基础。[2]

接着,泰罗详细阐述了应该如何设定计件工资,以激励生产性员工提高生产率,获得更高收入,同时降低单位劳动成本。泰罗知道很少有雇主以这种方式经营企业,但他确实曾经与这类雇主合作共事。

关于泰罗的影响,彼得·德鲁克说道:"泰罗的追随者莫根森㊁研究表明,即使没有受过任何文化教育之人,只要知道工作是什么,就能够取得与训练有素的工程师同样卓越的成果。"[3] 德鲁克进一步指出,如果创造力意味着无方向、无结构、无指导、无控制的猜测,那么就不可能产生成果。如果一个系统不能充分利用那些不得不与之共存并使其发挥作用的人的知识、经验、资

㊀ 萨拉托加·斯普林斯(Saratoga Springs),美国纽约州的城市。——译者注

㊁ 阿伦·莫根森(Allen Mogensen,1901—1989),美国工业工程师,以推广流程图闻名,被誉为"简化工作之父"。——译者注

源与想象力，那么该系统就不可能卓有成效。

显然，詹姆斯·林肯的管理哲学立足于黄金法则，他真心认为计件工资制和奖金制度与贯彻自己的哲学价值观在根本上是一致的。

关于在配备最好的原材料和设备且管理层予以适当激励的情况下，个人有多大潜力的问题，詹姆斯·林肯的观点和做法远远超越了泰罗倡导的管理实践。然而与泰罗一样，詹姆斯·林肯对计件工资很感兴趣，是因为其能够作为提高生产率和薪酬同时降低客户成本的工具。

第一次世界大战之前，另一位具有广泛影响的创新者和实践者是亨利·福特。他不仅在美国引入了装配线、零部件标准化、大规模生产，还发现了给每位工人每天支付 5 美元工资的显著效果，"这是当时标准工资的 3 倍。"日工资 5 美元制大幅提高了工人的生产率，降低了流动率。⊖ 而且福特首创的举措降低了汽车的实际劳动力成本。4

泰罗和福特开启了工业工程、时间与动作研究、大规模生产、提高生产性员工生产率的薪酬计划等领域的创新。这一切在美国如火如荼开展的时候，詹姆斯·林肯刚刚开始其在林肯电气公司的职业生涯。

詹姆斯·林肯在设计公司的管理系统方面远远超越了时代。

⊖ 1914 年 1 月 5 日，亨利·福特力排众议，单方面把工作时长缩减到 8 小时，将日工资从 2.34 美元提高到 5.00 美元，迅速降低了工人流动率和缺勤率，大幅提高了生产率，产生了深远的社会影响。——译者注

从这个意义上讲，通过强调人的发展、重视能够缔造一个持久组织的管理系统和管理过程，詹姆斯·林肯成了一名先驱。亨利·福特晚年对福特公司的管理出现很多问题，直到亨利·福特二世⊖大力整顿后才恢复活力，相比之下，詹姆斯·林肯缔造了一家一百多年长盛不衰的企业。

詹姆斯·林肯的成就显然立足于泰罗和亨利·福特这两位巨人的工作，但他的贡献却长期未得到认可。

卓越的管理实践[5]

绩效精神

彼得·德鲁克指出："组织的宗旨是让凡人能做不凡之事。"[6]他相信，唯有在"道德领域"[7]才有可能授权凡人去做不凡之事。这不是管理层宣扬伦理道德的问题，而是开展实践的问题。德鲁克列举如下：

- "组织必须聚焦于绩效。"严格的绩效标准是卓有成效组织的特征。
- "组织必须聚焦于机会而不是问题。"
- "与人们的职位、薪酬、晋升、降职、离职有关的决策，必须反映组织的价值观和信念。关于人员的决策是组织真

⊖ 亨利·福特二世（Henry Ford II，1917—1987），亨利·福特的长孙，1945—1960 年任福特汽车公司总裁，1960—1979 年任 CEO，率领公司实现了复兴。——译者注

正的控制手段。"

- "在组织内的人员决策中,管理层必须证明,自身已经认识到诚实正直是对管理者的一项绝对要求,是管理者起初就必须具备的一种品质,而不能指望留待以后慢慢培养。管理层还必须证明,自身同样具备诚实正直的品格。"[8]

在回顾了林肯电气公司、纽柯钢铁公司、沃辛顿工业公司的文化价值观和管理系统之后,难道我们没有发现这种绩效精神吗?难道我们没有发现这些组织管理系统的创始人(詹姆斯·林肯、肯·艾弗森、约翰·H. 麦康奈尔)对人的尊严和才能的高度尊重吗?难道我们没有发现这种由绩效和人驱动的组织吗?并且,尽管每家企业都认为人是"最宝贵的资产",但它们在实际运作中并非那种所谓"温情脉脉"的组织。

动机

道格拉斯·麦格雷戈开发了两种动机理论。[9]符合 X 理论的人是不成熟的,讨厌工作,需要强有力的监督才能激励他们好好表现。另一方面,符合 Y 理论的人从事工作具有非常强烈的内在动机,努力开发并发挥自己的才能。这类员工受到具有挑战性的工作环境激励,如果管理得当,可以实现高水平的发展、卓越的绩效与创造力。在工作场所中始终存在这两种类型的员工。

德鲁克认为,麦格雷戈提出的人性假设:

在不同的条件下,不同的人性会表现出不同的行为。个人可以获得有助于取得成功的习性,也会获得导致失败的习惯。[10]

在工作中要遵循 Y 理论,就必须对管理者和员工提出非常高的要求。此外,关于物质激励对人们提高生产率和利润率的作用,德鲁克认为:"没有丝毫证据表明,人们已经超越了物质层面的满足。然而除了物质奖励之外,人们还有许多其他动机……工作关系必须立足于对人的尊重。"[11]

管理者不能假定所有员工都是错误的,这种态度恰恰体现了对员工的尊重。

林肯电气公司、纽柯钢铁公司、沃辛顿工业公司的证据表明,大量员工或潜在员工要么符合 Y 理论的描述,要么经过妥当管理能够转变为符合 Y 理论的人。林肯电气公司的咨询委员会、沃辛顿工业公司的员工委员会、纽柯钢铁公司积极的亲力亲为管理和"门户开放政策",都表现出对生产性员工的尊严和创造力的真诚尊重。此外,每家公司的工资和薪酬结构都坚持平等原则。

工作保障与收入稳定

德鲁克解释了为什么日本的就业制度值得美国人借鉴:"它满足了两种明显相互矛盾的需要:第一,工作与收入保障;第二,有弹性、适应性强的员工队伍和劳动力成本。"[12]

尽管日本人发展出了一套工作有保障、收入稳定、适应性强的体系,但詹姆斯·林肯早在 1934 年已经率先提出相近的观念,要比日本人早得多。此外,纽柯钢铁公司和沃辛顿工业公司也为员工提供了持续就业机会。

詹姆斯·林肯相信，工作保障和收入稳定是员工最重要的需要，因此林肯电气公司俄亥俄分公司制定了确保就业政策。在经济困难时期，林肯电气公司实行"共渡难关"和弹性政策。另外两家企业也都采取了类似的举措。值得注意的是，林肯电气公司和纽柯钢铁公司都没有工会化，而沃辛顿工业公司已经剥离了多数被工会化的业务部门。这有助于增强企业灵活性，提供工作保障，培养在变革时代快速适应的能力。

工作和成就的本质

人们往往把管理定义为指挥他人来完成工作。在经济学中，员工被视为生产要素，与资本和技术并列，都是达到目的的手段，但如果仅仅将员工视为一种生产要素会损害其本性，导致无法实现卓越的成就。

彼得·德鲁克关注的是"使工作适合人"的任务。这"意味着把人力资源视为人而不是物，并且与其他任何资源不同，人力资源拥有个性、公民身份，对自己是否工作、工作多少、表现优劣享有控制权。因此，员工要求承担责任、受到激励、能够参与、获得满足、得到奖励、发挥领导力、享有地位、履行职能。"[13]

林肯电气公司对待员工的政策立足于黄金法则。尽管林肯电气公司把客户排在利益相关方的首位，但管理系统的焦点是实现公司目标、维护员工关系。从历史上看，这在管理层和生产性员工之间孕育了一种彼此高度信任的文化价值观。

纽柯钢铁公司公开宣称，自己的业务都着眼于员工，包括善待员工,给员工支付丰厚的报酬,允许员工自治,容忍员工在创新的过程中犯错,并且欢迎员工提出各种新观点,种种举措构成了所谓的"纽柯方式"。如前文所述,艾弗森认为这都是黄金法则在纽柯钢铁公司各部门的具体应用。

相比之下,沃辛顿工业公司把投资者排在利益相关方的首位,然而投资者的首要地位需要遵从公司的黄金法则哲学价值观,这种哲学价值观把员工视为公司最重要的资产。

负责任的员工

德鲁克认为,企业的目标是让员工成为管理者,他的意思是,员工应该为实现本职工作的预期成果和工作团队的产出负责。[14]每一个工作岗位都应该制定相关标准,及时向员工反馈绩效信息,并且持续培训员工以增加其知识、提高其技能。

显然,林肯电气公司的生产性员工受到计件工资制的激励,并根据四项绩效评分标准每半年进行一次评估。与此类似,纽柯钢铁公司的团队也已经确立了生产率和质量标准。一旦团队的生产率标准得以满足,奖金制度就开始发挥作用。奖金的核算以团队为基础,所以每个人为获得奖金都要对团队负责。沃辛顿工业公司的员工委员会决定那些试用期员工能否转为正式员工,并监督员工每季度获得的奖金。

尽管这三家企业的反馈和培训流程彼此不同,但都造就了负责任的员工。

林肯电气公司的员工经常自我标榜为企业家,该公司的管理幅度为1:100,几乎没有直接监督。纽柯钢铁公司广泛运用了内部市场观念。每家企业的晋升机会都是无限的,这就鼓励员工承担责任,增加有关公司业务的知识。

最后,德鲁克相信:

> 生活在对失业和丧失收入的恐惧中,与对工作、工作团队、产出、绩效负责任无法兼容……为了能够承担责任,无论是熟练工人还是非熟练工人、体力劳动者还是知识工作者,都需要相当完善的举措来保障收入和工作稳定。[15]

经济成长的需要

詹姆斯·林肯确立了该公司的首要经营目标是"以越来越低的成本生产越来越多的产品",同时提高产品质量和服务水平。纽柯钢铁公司本质上树立了同样的目标。

具备了持续就业的保证、生产率实现了快速提高,林肯电气公司面临的唯一变数就是如何在所处的基础性、周期性行业中实现经济成长。这是一个不小的壮举!

那么,这又是如何实现的呢?首先,市场随着价格的下降而扩张;其次,该公司已经在美国焊接消耗品和设备市场上取得主导地位;再次,詹姆斯·林肯开启了向海外市场扩张的进程,最早在加拿大建厂,接着是澳大利亚和法国。此外俄亥俄分公司也一直从事大量国际贸易业务。

纽柯钢铁公司没有进行海外扩张,但成功占据了更大的国内市场份额,并有序引进新产品和创新技术。沃辛顿工业公司则已经砍掉了生产效率最低的产品线,推行了积极的国内和海外扩张计划。

这三家公司追求经济成长还有另外的理由。人们往往不认为金属行业非常具有吸引力。实际上，吸引最优秀、最聪明的年轻人加入这类企业往往比较困难，只有在某些方面与众不同（如创新、人的成长与发展等）才有可能吸引他们加入。

德鲁克对此的观点如下：

一个不能吸引、激励并留住有才干、有能力之人的企业，将无法生存下去。这意味着企业必须努力吸引、激励并留住知识工作者。然而，不同于过去的体力劳动者，知识工作者寻找的不只是一个工作岗位，而是为了追求事业、寻找机会……知识工作者的出现至少产生了某种成长压力，在许多情况下，是一种实现更大幅度成长的压力。[16]

彭博社最近的一份报道[17]，表明了对部分钢铁企业招聘工程师时遇到难题的关注，这也验证了德鲁克关于招聘知识工作者潜在问题的上述观点。林肯电气公司、纽柯钢铁公司、沃辛顿工业公司通过自身的快速成长，以及文化价值观和管理系统其他方面的绩效，成功地向知识工作者做了自我推销。因此，这三家企业没有遭遇金属行业其他公司的招聘难题。

德鲁克进而谈到，如果一家企业想要成长，就需要持续学习：

……想要有能力成长，一家企业必须在其内部创造持续学习的氛围。在持续学习的氛围中，所有员工，从上到下，都必须愿意学习，准备承担新的、不同的、更大的责任，并把这些视为理所当然的事，无须畏缩惊恐。只有全体员工获得成长，企业才能发展壮大。[18]

在林肯电气公司的文化价值观中，持续学习根深蒂固，然而从历史上看，从詹姆斯·林肯到威廉·伊尔冈，该公司在生产层面之外的其他方面都以一种专断的方式运营，而威利斯、哈斯廷斯、马萨罗改变了这一点。此外，纽柯钢铁公司和沃辛顿工业公司一直以来实行分权化管理，纽柯的分权堪称激进。分权化为人们创造了成长和拓展的需要，而持续学习提供了成长的引擎。

创新

林肯电气公司在创立之初率先发展电弧焊接技术。最重要的是，詹姆斯·林肯是管理系统设计方面的主要创新者，帮助公司获得了非凡的竞争力。创新对全球经济的发展和持续竞争力至关重要。

需要注意的是，林肯电气公司证明了德鲁克关于创新的独特洞见："工商企业及其组织结构、企业把知识纳入工作进而取得绩效的方式都存在巨大的创新需求。"[19]

纽柯钢铁公司的肯·艾弗森大规模引进小型钢铁厂，该公司还在许多其他领域进行了创新，如薄板坯生产。毫无疑问，纽柯钢铁公司长期以来都是世界上最富有成效、最具创新性的公司之一。

企业组织的经济性质

德鲁克认为，工商企业的使命和宗旨是"经济绩效"。[20]

这三家企业对利益相关方的排序非常有趣。排在首位的利益相关方各不相同——林肯电气公司把客户排在首位、纽柯钢铁公司把员工排在首位,沃辛顿工业公司把股东排在首位,然而正如我们所见,长期以来三家企业的经济绩效都高于平均水平,且纽柯钢铁公司的利润率一直非常惊人。这三家企业都是高工资、低成本的生产商。值得深思的不在于必须取得经济绩效的终极需要,而在于每家公司对待客户和员工的态度。在这个问题上,林肯电气公司、纽柯钢铁公司、沃辛顿工业公司彼此之间几乎高度一致,都进行了卓越的管理实践。

结论

本章中,我回顾了 20 世纪最重要的管理思想家⊖关于管理的 8 个基本观点,简述了林肯电气公司、纽柯钢铁公司、沃辛顿工业公司在这些方面的所作所为。如前所述,这三家企业的表现都堪称卓越。

林肯电气公司始终是本书的首要论述对象。在没有德鲁克著作那类管理书籍指导的情况下,詹姆斯·林肯独自设计了林肯电气公司的管理系统和管理过程。他能够凭借的只有黄金法则,其成果是长达一个世纪的卓越绩效和永恒价值观。林肯电气公司确实是值得其他企业学习的榜样!

⊖ 此处是指彼得·德鲁克。——译者注

注 释

1. Frederick Winslow Taylor, *Shop Management*, one of three volumes reprinted in *Scientific Management* (New York and London: Harper & Brothers, 1911)。
2. 出处同上., pp. 21 – 22。
3. Peter F. Drucker, *Management: Tasks, Responsibilities, Practices* (New York: Harper and Row, 1973), 271。
4. 出处同上., p. 338。
5. 摘录自 *Management: Tasks, Responsibilities, Practices* by Peter F. Drucker, copyright©, 1973, 1974 by Peter F. Drucker, 本章转载经 Harper Collins Publishers, Inc. 授权。
6. Drucker, *Management*, p. 455。
7. 出处同上., p. 456。
8. 出处同上。
9. Douglas McGregor, *The Human Side of Enterprise* (New York: McGraw-Hill, 1960)。
10. Drucker, *Management*, p. 234。
11. 出处同上., pp. 238, 244。
12. 出处同上., pp. 251, 252。
13. 出处同上., p. 41。
14. 出处同上., p. 254。
15. 出处同上., p. 285。
16. 出处同上., p. 774。
17. "Steel Industry in Need of Engineers, Better Recruiting Tactics," Bloomberg News, Bloomberg, L. P., Chicago, pp. 1 – 3, July 15, 1999。
18. 出处同上., p. 775。
19. 出处同上., p. 285。
20. 出处同上., p. 40。